KB218125

내 생애 마지막 한 달

인생 하프타임을 위한 30일
30 Days No Regrets

인생 하프타임을 위한 30일
30 Days No Regrets

예수님과 함께
성장해 가는
희망 프로젝트

내 생애 마지막 한 달

방성일
지음

들음과봄

소망의 하나님께 초점을 맞추자

저자의 책은 늘 감동과 울림으로 다가온다. 저자는 예수님의 영성을 닮은 목회자다. 예수님의 영성은 소박함이다. 저자를 만나면 왠지 모를 소박함이 느껴진다. 저자는 소박한 목회자로서 우리에게 다가온다. 그래서 만날 때마다 마음이 편하다. 예수님은 하나님의 아들이시다. 곧 예수님은 하나님이시다. 하지만 소박한 인간의 몸을 입고 이 땅에 오셨다. 그리고 왕이 아닌 평민의 모습으로 사셨다. 가난한 목수로 사셨다. 그래서 누구든지 소박하신 예수님께 가까이 나아갈 수 있다. 예수님이 우리를 친구라고 부르신다.

저자는 책 속에 소박한 이야기들을 담았다. 교회 종지기로 살다 동화작가가 된 권정생의 이야기는 감동을 준다. 바보 의사라고 불리는 장기려 박사의 이야기는 가난한 사람들의 마음을 위로하고 치유해 준다. 또한 저자의 진솔한 자기 고백과 스토리가 우리 마음을 따뜻하게 해 준다.

저자는 세상이 줄 수 없는 것을 알려 준다. 반면에 예수님의 교회가 줄 수 있는 것에 눈을 뜨게 해준다. 세상은 편안을 제공해 주지만 평안을 주지는 못한다. 편리함은 제공해 주지만 평강을 주지는 못한다. 하지만 교회는 세상이 줄 수 없는 예수님의 평강을 준다. 세상이 줄 수 없는 영원한 피난처를 알려준다. 교회가 제공해 주는 영원한 피난처는 예수님이시다. 또한 예수님이 제공해 주시는 것은 세상의 보화가 아니라 하늘의 보화다. 예수님은 우리가 그저 살아가는 것이 아니라 풍성한 삶을 살도록 영생을 선물해 주신다.

저자는 우리에게 인생에서 무엇이 가장 소중한가를 깨우쳐 준다. 가장 소중한 것은 천하보다 귀한 영혼임을 깨우쳐 준다. 하나님의 임재 앞에 사는 일상의 소중함을 깨우쳐 준다. '오늘'의 소중함을 깨우쳐 준다. 작은 씨앗의 소중함을 깨우쳐 준다. 우리를 행복과 자족의 길로 인도해 주는 감사의 소중함을 깨우쳐 준다. 감사할 때 누리게 되는 하나님의 은혜를 깨우쳐 준다. 인생 2막의 소중함을 깨우쳐 준다. 무엇보다 저자는 가장 소중한 하나님을 바라보게 해준다. 고통스러운 환경이나 변화할 수 없는 현실이 아닌, 소망의 하나님께 초점을 맞추도록 도와준다.

이 책을 낙심 중에 있는 분들에게 추천하고 싶다. 절망이 아닌 소망을 껴안고 살기를 원하는 분들에게 추천하고 싶다. 하나님을 더 깊이 알고 싶은 분들에게 추천하고 싶다.

강준민 LA새생명비전교회 담임목사

사랑과 희망의 정원사

저는 방성일 목사님을 존경하고 좋아합니다. 왜냐하면 제가 거친 광야를 달리는 준마요, 포효하는 호랑이 같다면, 방성일 목사님은 아프리카 초원에서 풀을 뜯는 기린 같은 신사 중의 신사요 산소를 풍기고 남자의 향기를 발하는 목사님이기 때문입니다. 저는 목사님의 단정한 품격과 언어가 좋습니다. 목사님에게는 부드러운 카리스마가 있고 집념과 역설적 삶이 있습니다. 조용한 자 같으나 강력한 웅변이 있고 역설의 스피치가 있습니다. 목사님의 인격과 삶에 격조가 있듯이 글에도 품격이 있습니다.

특별히 위드 코로나 상황 속에서는 방성일 목사님 같은 소통과 감성의 리더십을 갖춘 목사님들이 필요합니다. 사람들의 감성을 터치해 주고 섬세하게 어루만져 줄 감성 언어와 따뜻한 말이 필요합니다. 그런 의미에서 방성일 목사님은 언어의 온도, 눈빛의 온도, 가슴의 온도가 느껴지는 목회자입니다. 절망과 상실의 밤을 보내는 이들을 위해 목사님께서《내 생애 마지막 한 달》이라는 책을 출간하신 것은 참으로 뜻깊고 의미 있는 일입니다.

이 책은 희망이 사라져가는 잿빛 시대, 아니, 거짓 희망과 차가운 자칼 언어들이 판을 치는 시대 속에서 사랑과 희망의 정원사가 되어 향기로운 꽃을 전해 줍니다. 책장을 한 장 한 장 넘길 때마다 생명의 말씀이 폐부 깊숙이 스며듭니다. 어둔 마음의 밤하늘에 소망과 감격의 별이 떠오릅니다.

'인생 하프타임을 위한 30일'을 부제로 하여 가슴 뛰는 삶, 변화하는 삶, 감사하는 삶, 소망이 있는 삶에 대하여 자상하고 섬세한 언어로 안내하고 있습니다. 각 장의 스토리가 생생하고, 드라마틱해서 한 번 읽으면 멈출 수 없습니다. 이 책이 코로나 블루와 포비아로 고통받는 이들의 메마른 영혼을 적시는 샘물이 되기를 바랍니다. 절망의 시대에 예수님의 생기처럼 어둠을 밀어내는 가슴 시린 새벽의 종소리가 되기를 바랍니다.

소강석 새에덴교회 담임목사, 대한예수교장로회 합동 총회장

변화를 통한 가슴 뛰는 삶

코로나19 시대를 살아가는 현대인들은 어느 시대보다 우울하다. 소통과 교제가 단절되다 보니 마음 또한 닫히고 무기력해진다. 짧게 끝날 것이라고 생각한 팬데믹이 길어지다 보니 소망도 감사도 사라진 지 오래다. 언제 이 답답한 난국에서 해방될지 몰라 불안감마저 느낀다. 이런 시국에 방성일 목사가 또 하나의 작품을 선보인다. 방 목사의 글은 언제나 밝고 편안하다. 따뜻하면서도 소망을 준다. 변화를 통한 가슴 뛰는 삶을 노래한다. 인문고전으로 시작해서 성경으로 답한다. 질문으로 시작해서 신학적 답을 제시한다.

특히 그의 글은 읽고 또 읽고 싶게 만드는 묘한 매력이 있다. 한 번 읽고 그만이면 남는 게 거의 없다. 하지만 또다시 읽으면 남게 된다. 남아야 삶의 변화를 가져올 수 있다. 변화 없는 독서만큼 시간 낭비는 없다. 변화 없는 독서는 지식만 키울 뿐이다. 방성일 목사의 글은 한 주제를 가지고 계속 파고들어 끝장을 보게 만드는 장점이 있다. 이 책을 끝까지 따라 읽어가다 보면 자연스럽게 변화에 대한 의지가 생길 것이다.

위기는 위험하기도 하지만 새로운 기회가 되기도 한다. 위기의 때는 양서를 많이 읽는 것이 지혜로운 방법이다. 많은 책이 출간되지만 꼭 읽어야 할 필독서를 선택함이 중요하다. 후회 없는 삶을 살기 위해 딱 한 권의 책을 고르라면 바로 이 책이다. 코로나19로 인하여 힘겹고 우울한 마음을 가진 모든 이들에게 일독을 권한다.

신성욱 아세아연합신학대학교 교수

하나님의 뜻을 발견해 가는 안내서

최근에 집에서 식사하던 중 대학을 막 졸업한 아들과 사소한 일로 크게 충돌하는 일이 있었습니다. 그날 야단치는 저에게 큰 소리로 대드는 아들 모습에 화가 나서 며칠 잠을 설치고 있었는데, 하필 그때 이 책에 대한 추천서를 부탁받았습니다. 머리도 식힐 겸 해서 찬찬히 읽어나가다 문득 하나님께서 나를 위해 이 책을 예비하셨다는 생각이 들었습니다. 저는 이 책의 여러 내용 가운데서 특히 저자가 이야기하는 평안과 편리함의 차이에 대한 교훈을 나의 상황에 적용해 보았습니다. 그것은 아비로서 자녀들에게 그동안 해 왔던 제 역할에 대해 돌아보는 시간이었습니다. 나름 자녀들을 잘 키웠고, 이 정도면 좋은 아버지라는 자부심이 있었는데 저의 환상은 산산조각이 나고 말았습니다.

살아오면서 여러 사건과 고비들을 통해 현실은 결코 녹록하지 않다는 것을 실감했기 때문에 자녀들은 강인하게 키워야겠다고 다짐했습니다. 그런데 문제는 그 과정에서 가족 구성원들이, 특별히 아들에게 아버지의 양육 방식은 큰 상처가 되었던 모양입니다. 저는 그 사실을 25년 만에 제대로 깨달았습니다. 사실 그동안 아들은 자신의 마음이 힘들고 아프다는 것을 직간접적으로 표현했지만 (짜증, 투정, 반항 등등) 저는 진지하게 대하기보다는 대수롭지 않게 넘겼습니다. 그런 식으로 여러 날과 세월이 지나고 보니 아들은 아픈 만큼 성숙해진 것이 아니라, 아픈 만큼 상처받고 파괴되어 있었습니다. 저는 자녀들에게 필요한 의식주, 용돈, 학비 등의 편리함을 제공해 주었기에 나름 아비 노릇 잘했다고 착각하고 있었던 것입니다. 상처 입은 아들의 내면세계를 제대로 목격한 지금 하나님이 나에게 베풀어 주신 진정한 평안을 조금도 제공해 주지 못했다는 것을 깨달았습니다.

이 책에는 누구나 일상에서 경험하는 관계 속에서의 갈등, 불안, 긴장, 그리고 대치 상황 속에서 어떻게 하나님의 뜻을 발견하고 따를 수 있는지에 대한 실제적이고 구체적인 원리가 담겨 있습니다. 저는 이 책을 읽는 모든 독자들이 저와 같은 소중한 깨달음과 마음에 큰 울림이 있을 것으로 기대하고 확신하며 이 책의 일독을 추천합니다.

오태균 총신대학교 신학대학원 교수

행복도 연습이 필요하다

한 TV 프로그램에서 기획한 〈미스터 트롯〉은 코로나19로 외부 활동이 제한된 많은 사람에게 폭발적인 호응을 받았다고 합니다. 팬데믹으로 답답한 현대인들에게 위안이 되고 정서적 해방구 같은 역할을 해서 많은 위로를 준 것 같습니다.

〈미스터 트롯〉에서 최고 점수를 받은 가수가 '어느 60대 노부부 이야기'를 불렀습니다. 이 노래는 인생의 가을을 맞는 수많은 사람에게 자기 이야기 같은 공감을 불러일으켰습니다. 그 노래를 하며 후회되는 날들을 돌아보며 눈물짓는 장면도 화면을 통해 언뜻언뜻 보았습니다.

> 곱고 희던 두 손으로 넥타이를 매어 주던 때
> 어렴풋이 생각나오 여보 그때를 기억하오.
> 막내아들 대학 시험 뜬 눈으로 지내던 밤들
> 어렴풋이 생각나오 여보 그때를 기억하오.

세월은 그렇게 흘러 여기까지 왔는데

인생은 그렇게 흘러 황혼에 기우는데

큰딸아이 결혼식 날 흘리던 눈물방울이

이제는 모두 말라 여보 그 눈물을 기억하오.

…

인생은 그렇게 흘러 황혼에 기우는데

다시 못 올 그 먼 길을 어찌 혼자 가려 하오.

여기 날 홀로 두고 여보 왜 한마디 말이 없소

여보 안녕히 잘 가시게.

애틋한 부부의 정이 묻어나는 흑백사진 같은 노래입니다. 함께했던 시간들이 그렇게 다 흘러 가버리고 이제는 다시 못 올 길을 떠나는 아내를 환송하는 이 노래가 왜 그리 절절히 다가올까요?

엘리자베스 퀴블러 로스는 그의 책《인생 수업》에서 사람들의 인생의 비극을 이렇게 쓰고 있습니다.

"인생의 비극은 인생이 짧다는 것이 아니다. 단지 정말 중요한 것이 무엇인가를 너무 늦게 서야 깨닫는다는 것이다."

젊은 시절 부부로 만나 서로 아끼고 위로하며 서로에게 버팀목이 되어 주는 것이 행복입니다. 그런데 젊고 힘이 있을 때는 모르다가 인생 황혼이 떠나갈 때 즈음에야 중요한 것이 무엇인지 알게 되는 것이 비극입니다.

'내 생애 마지막 한 달' 캠페인을 몇 년째 이어오고 있습니다. 30일이라는 기간을 정하고 다시 못 올 하루하루를 아름답게 만들어가는 인생 하프타임을 위한 프로젝트입니다. 코로나19 상황이 계속 이어지고 더 높은 거리두기 단계로 상향 조정이 되었지만 하남의 새벽은 뜨거웠습니다. 분주했던 삶의 걸음을 잠시 멈추고 살아온 뒤안길을 돌아보는 시간이었습니다.

더 많은 것을 소유하고 보다 높은 자리로 올라가는 것보다 더 가치 있는 일이 무엇인지 진솔하게 나누었습니다. 작고 소소한 것들이 어쩌면 진정한 행복인지도 모릅니다. 행복을 위해서 무엇을 해야 할까요? 말하자면 행복도 연습이 필요합니다.

첫째, 넉넉한 미소를 품는 연습입니다.

'예쁘다'는 것은 모양을 말하는 것이고, '아름답다'는 것은 느낌을 말하는 것입니다. 평범한 얼굴이라도 미소가 어려 있는 사람을 보면 왠지 모르게 마음이 따뜻해지고 편해집니다. 얼굴이 잘생겼어도 차가운 표정으로 찡그리고 있으면 가까이하기 싫어집니다. 거울을 보고 웃는 연습을 하세요. 얼굴을 펴는 연습은 자신을 가꾸는 쉬운 방법입니다. 좋은 옷을 입는 것보다 밝은 미소를 머금은 얼굴이 훨씬 좋고 아름답습니다.

둘째, 온유하고 겸손한 마음 연습입니다.

살아있는 몸은 늘 일정한 온도를 유지합니다. 그러나 아무리 훌륭한 사람도 죽으면 싸늘한 시신이 되고 맙니다. 우리 마음이 따뜻하다는 것은 살아있다는 증거이며 복 있는 사람의 모습입니다.

성경은 "온유한 자는 복이 있나니 땅을 기업으로 받을 것"(마 5:5)이라고 합니다. 따뜻한 마음은 사람의 향기입니다. 꽃에 향기가 있으면 벌 나비가 찾아오듯 따뜻한 사람 주변에는 행복이 찾아옵니다.

우리가 평생을 두고 연습해야 할 일이 있다면, 온유하고 겸손하신 예수님을 닮아가는 것입니다.

셋째, 감사하는 태도 연습입니다.

사람의 마음 깊은 곳에는 영혼의 우물이 하나씩 있는데 그 물은 '감사'입니다. 그 물을 길어 내면 메마른 인생이 푸르게 됩니다. 시든 인생이 꽃을 피우고 가을이면 열매를 맺는 나무가 됩니다. 하나님이 저마다의 마음에 심어두신 영혼의 샘이 있어 그 샘물을 마시면 되는데, 미련한 사람은 세상에서 그 물을 찾습니다. 하나님 주신 마법 같은 선물, 감사를 연습하십시오.

한 교회의 담임목사로서 자녀가 잘되기를 바라는 아비의 심정으로 준비하고 나누었던 말씀들을 11월 한 달 동안 리뷰하듯 새벽에 다시 나누고 이것을 책으로 엮었습니다. 한 번 스치듯 지나가는 비는 땅을 적실뿐이지만, 또다시 비가 내리면 그때는 흘러서 시내가 되고 강이 되기도 합니다. 그래서 강조하는 마음으로 가이드북에 썼던 표지 마지막 글을 다시 옮깁니다.

"인생이란 늘 부족을 느끼며 사는 존재다. 아쉬움이 남기도 하고 그것이 후회가 되기도 한다. 그러나 한 가지 가능성이 있다. 스스로 결심하는 것이다. 후회 없는 인생을 위한 30일 후, 우리는 이 말을 하고 싶다. 나는 나를 넘어섰다."

눈부신 내일을 꿈꾸는

방성일 목사

1부

가슴 뛰는 삶

관심, 나를 향한
하나님 이야기

(요 17:9-15)

내가 그의 이름을 불러주기 전에는

그는 다만 하나의 몸짓에 지나지 않았다.

내가 그의 이름을 불러주었을 때

그는 내게로 와서 꽃이 되었다.

많은 사람들이 알고 좋아하는 시, 김춘수 시인의 〈꽃〉이다. 언젠가 이 시가 어떻게 나오게 되었는지 그 배경을 들은 적이 있다. 김춘수 시인은 중학교 교사를 하다가 여러 대학에서 교수와 시인으로 활동하셨다. 이 시는 통영중학교에 근무할 때

내 생애 마지막 한 달

지었다고 한다. 학교 수업이 끝나고 학생들이 하교한 후, 텅 빈 운동장을 혼자 거닐게 되었다. 해가 뉘엿뉘엿 넘어가는 석양 무렵, 학교 담장 밑에 피어 있는 꽃이 눈에 들어왔다. 그 꽃을 바라보다가 시상이 떠올라 지은 시가 〈꽃〉이라고 한다.

그 꽃은 누군가의 눈에 띄기 전에는 그저 들꽃에 불과했고 이내 사라질 존재였다. 그런데 그 꽃의 이름을 불러 주자, 그 꽃은 나에게로 와서 의미 있는 꽃이 되었다. 우리 삶이 특별한 것은 하나님이 우리 이름을 불러주셨기 때문이다. 하나님이 우리 이름을 불러주지 않으면 우리는 그저 들꽃처럼, 길섶의 이름 모를 풀처럼 살다가 사라질 존재다. 그런데 하나님이 이름을 불러주셔서 의미 있는 존재가 되었다. 이름을 부른다는 것은 '관심'이다.

'아담아, 아브라함아, 모세야, 사무엘아' 부르시는 그분이, 우리 한 사람 한 사람을 불러서 하나님의 꽃이 되게 하셨다. 하나님은 왜 우리 이름을 부르셨을까? 〈요한복음〉 14장 27절에 그 이유가 나온다.

> 평안을 너희에게 끼치노니 곧 나의 평안을 너희에게 주노라 내가 너희에게 주는 것은 세상이 주는 것과 같지 아니하니라 너희는 마음에 근심하지도 말고 두려워하지도 말라.

하나님은 평안을 주시기 위해 우리 이름을 부르신다. 그리고 그 평안을 받아 누리기 바라신다. 주님의 평안은 우리가 예수 안에 있을 때 누릴 수 있다. 찬송가 412장은 다음과 같이 노래한다.

　　내 영혼의 그윽히 깊은 데서 맑은 가락이 울려나네.
　　하늘 곡조가 언제나 흘러나와 내 영혼을 고이 싸네.
　　평화 평화로다 하늘 위에서 내려오네.
　　그 사랑의 물결이 영원토록 내 영혼을 덮으소서.

　주님의 평안은 세상 것이 아니라, 하늘의 평안이다. 주님은 우리에게 평안, 즉 주님의 마음을 주고 싶어 하신다. 〈시편〉 139장 17절에서 하나님의 마음을 읽을 수 있다.

　　하나님이여 주의 생각이 내게 어찌 그리 보배로우신
　　지요 그 수가 어찌 그리 많은지요.

　이 말씀에는 엄마가 잠든 아이를 가만히 바라보면서 기뻐하고 만족하는 것처럼 형언할 수 없는 평안이 있다. 아이가 자라서 어른이 되었을 때를 꿈꾸는 행복한 부모의 마음을 엿볼 수 있다. 하나님도 우리를 이런 눈으로 바라보시며 흐믓해 하신다. 사랑의 눈으로 바라보시며 행복해하시고 우리를 향한 꿈을 꾸신다. 〈스바냐〉 3장 17절은 우리를 향한 하나님의 마음을 이렇게 표현한다.

> 너의 하나님 여호와가 너의 가운데에 계시니 그는
> 구원을 베푸실 전능자이시라 그가 너로 말미암아 기
> 쁨을 이기지 못하시며 너를 잠잠히 사랑하시며 너로
> 말미암아 즐거이 부르며 기뻐하시리라 하리라.

우리 가운데 계시는 하나님이, 전능하신 그분이 우리를 바라보시면서 기쁨을 이기지 못하신다. 우리를 기뻐하실 주님을 바라보며 용기 내어 살아가고, 마음의 평안을 누리기 바란다. 인간적으로 보면 우리에게는 사랑받을 조건이 없다. 하지만 '너로 말미암아 기쁨을 이기지 못하시는 전능하신 하나님, 구원을 베푸실 전능자 하나님'이 우리를 바라보시고 기뻐하신다.

◆

하나님의
울타리

하나님은 이 땅에서 우리가 멋지게 살며 하나님을 잘 섬길 수 있는 장치를 마련해 두셨다. 그 장치 가운데 아주 특별한 세 가지 선물이 있다.

첫 번째 선물은 성경이다. 하나님은 우리를 위해 삶의 원칙이고 안내서인 성경을 주셨다. 두 번째 선물은 교회다. 교회라는 울타리 안에서 신앙을 지탱하고 승리하며 살도록 교회를 주셨다. 세 번째 선물은 목사다. 목사는 성도의 신앙을 위해 존재하는 사람이다. 이 세 가지 중에서 어느 하나라도 멀리하면 신앙에 균열이 생긴다.

나는 〈나는 자연인이다〉라는 TV 프로그램을 종종 시청한다. 세상에서 실패하고 좌절한 사람들, 아프고 병들어서 자연의 힘으로 치유하려고 산에 들어간 사람들, 사업에 실패했거나 마음에 큰 상처를 입은 사람들, 의사도 고칠 수 없는 중병이 든 사람들이 산속에서 마음을 치유하고 병을 고치면서 10년, 20년을 살아가는 이야기다.

어떤 문제 때문에 괴로워하는 나를 본 아내가 "여보, 우리도 그냥 자연인처럼 다 버리고 산에 가서 삽시다."라고 말한 적이 있다. '목사님도 현실에서 벗어나고 싶을 때가 있구나!' 하며 놀라겠지만 목사도 인간인지라 그런 생각이 들기도 한다. 몸이 아플 때보다 마음이 아플 때 더욱 그렇다.

가끔 그 프로그램을 보면 산에서 풀만 먹고 살 수 없으니 달걀로 단백질을 얻으려고 닭을 키운다. 그런데 산에서 닭을 키우다 보면 족제비 같은 산 짐승에게 잡아먹히기 일쑤다. 그래서 울타리를 치고 그 안에서 닭을 기른다. 나도 어릴 적에 닭을 몇 마리 키웠다. 철사로 얼기설기 얽어서 울타리를 만들어 놓아도 족제비가 구멍을 뚫고 들어와 닭을 잡아갔다.

하나님은 우리를 보호하기 위해 울타리를 쳐 주셨다. 그 울타리가 무엇일까? 바로 성경이고 교회다. 그리고 여러분을 지키기 위해 주신 목사다. 우리는 가끔 이런 울타리를 거추장스러워하고 울타리 밖으로 뛰쳐나가 마음대로 살고 싶어 한다. 위험한 생각이다. 하나님은 우리를 너무나 사랑하셔서 울타리를 쳐 주셨다. 〈신명기〉 6장 24절에 하나님이 울타리를 친 이야기가 나온다.

> 여호와께서 우리에게 이 모든 규례를 지키라 명령하셨으니 이는 우리가 우리 하나님 여호와를 경외하여 항상 복을 누리게 하기 위하심이며 또 여호와께서 우리를 오늘과 같이 살게 하려 하심이라.

하나님은 우리에게 이 모든 규례(율법)를 주셨다. 사람들은 율법을 싫어한다. 그런데 하나님께서는 이 모든 규례를 지키라고 명령하셨다. 바로 하나님의 울타리다. 하나님의 은혜를 항상 누리기 원하면 울타리 안에 있으라고 하신다.

이 법이 싫을 때가 있다. 우리를 얽어매는 것 같다. 율법과 교회가 필요 없다고 하는 이들이 있다. 울타리가 없으면 자유로울 것 같지만, 믿음을 잃어버릴 수 있다. 하나님은 "이 모든 규례를 지켜라. 울타리 안에 있으라."라고 말씀하신다. 그래야 복을 누릴 수 있기 때문이다. 하나님께서 우리에게 사랑의 울타리를 쳐 주신 이유는 사랑하는 자녀에게 복을 주시기 위해서다. 이것이 하나님의 마음이다.

우리는 하나님의 마음을 알아야 한다. 하나님은 우리를 향한 생각이 많으시다. 하나님은 아이를 바라보는 엄마의 마음처럼 언제나 사랑의 눈으로 우리를 바라보시고, 관심을 두고 울타리를 쳐 주셨다. 〈요한복음〉 17장 9절에서 "내가 그들을 위하여 비옵나니."라고 말한다. 예수님은 우리를 위해 울타리를 쳐 주신 후에, 우리를 위해 기도하신다. 20절 말씀에서 우리를 향한 예수님의 애틋한 사랑을 알 수 있다.

내가 비옵는 것은 이 사람들만 위함이 아니요 또 그
들의 말로 말미암아 나를 믿는 사람들도 위함이니.

우리를 위해
기도하시는 예수님

예수님이 우리를 위해 기도하시는 것은 세상을 위함이 아니라, 하나님의 자녀들을 위해서다. 예수님은 오늘도 우리를 위해 기도하신다. 세상을 위해서가 아니라, 여러분을 위해 기도하고 계신다. 예수님을 구주로 영접한 믿는 사람들을 위해 기도하신다.

> 누가 정죄하리요 죽으실 뿐 아니라 다시 살아나신
> 이는 그리스도 예수시니 그는 하나님 우편에 계신
> 자요 우리를 위하여 간구하시는 자시니라(롬 8:34).

그리스도 예수는 지금 하나님 우편에서 우리를 위해 간구하신다. 하나님은 우리에게 관심이 있고, 우리를 위해 울타리를 쳐 주시고, 우리를 위해 중보기도 하신다. 예수님이 하는 기도는 100퍼센트 응답된다. 스스로 예수님의 이름으로 기도해도 응답되지만, 예수님이 직접 기도하면 응답이 안 될 수가 없다. 그 예수님이 하나님 보좌 우편에서 우리를 위해 간구하신다.

이와 같이 성령도 우리의 연약함을 도우시나니 우리

는 마땅히 기도할 바를 알지 못하나 오직 성령이 말
할 수 없는 탄식으로 우리를 위하여 친히 간구하시
느니라(롬 8:26).

예수님은 하나님 보좌 우편에서 기도하시고, 성령님은 우리
속에서 말할 수 없는 탄식으로 기도하신다. 이것이 우리를 향
한 주님의 마음이고, 주님의 생각이다. 살다 보면 마음이 무너
져 기도할 힘도 없고, 기도하려고 해도 신음밖에 나오지 않을
때가 있다. 그럴 때 성령이 말할 수 없는 탄식으로 우리를 위해
기도하신다. 그래서 우리가 믿음에서 떨어지지 않고 살아갈 수
있는 것이다. 11절에는 예수님이 우리를 위해 기도하시는 기도
제목이 나온다.

나는 세상에 더 있지 아니하오나 그들은 세상에 있
사옵고 나는 아버지께로 가옵나니 거룩하신 아버지
여 내게 주신 아버지의 이름으로 그들을 보전하사
우리와 같이 그들도 하나가 되게 하옵소서(요 17:11).

우리를 위해 기도하시는 예수님의 첫 번째 기도제목은 '하
나가 되게 하옵소서'이다. 우리와 같이 그들도 하나가 되게 해
달라고 기도하신다.

내 생애 마지막 한 달

이런 격언이 있다. "돈을 잃으면 조금 잃은 것이요, 명예를 잃으면 많이 잃은 것이요, 건강을 잃으면 다 잃은 것이다." 세상 사람들은 이 격언을 진리처럼 믿는다. 건강을 최상위로 놓은 것은 일견 맞는 말이다. 그러나 그리스도인들에게는 건강보다 더 중요한 것이 있다. 바로 믿음이다. 건강과 믿음 중에 하나만 지켜야 하는 상황이 오면 무엇을 선택할 것인가? 믿음을 선택해야 한다. 이 믿음으로 이 땅에서의 삶을 마쳤을 때, 하나님께 가기 때문이다.

◆

성전을 사모하는
마음

바벨론 포로시대 때, 하나님의 자녀 다니엘이 바벨론 포로로 끌려갔다. 포로였지만 왕에게 사랑받은 다니엘은 그를 시기하는 사람들로 인해 어려움에 처하게 된다. 누구든지 왕이 아닌 다른 신이나 사람에게 경배하면 사자 굴에 집어넣겠다는 명을 내린 것이다. 다니엘은 어떻게 했을까?

다니엘은 자신의 목숨을 지키기보다 믿음을 지켰다. 믿음을 지키기 위해 죽음도 마다하지 않았다. 그는 성전이 있는 예루살렘에 갈 수 없으니, 자기 다락방에서 예루살렘 성전을 향한 창문을 열고 늘 하던 대로 기도했다. 이것이 유대인들의 성전 중심 신앙이었다. 죽을 각오를 하고 예배한 것이다.

성전에서 예배하든, 가정에서 예배하든 우리 모두는 여호와를 경외하는 믿음을 지켜야 한다. 가정에 있든, 교회에 있든, 흩어져 있든 우리는 예수라는 울타리 안에, 유월절 어린양의 피 안에, 교회 울타리 안에서 예수님의 기도제목처럼 하나가 되어야 한다. 예수님을 믿는 믿음 안에서 하나가 되어야 한다. 2020년 교회는 코로나로 인해 모여 예배하기 힘들었다. 그러나 코로나로 인한 교회의 위기는 오히려 신앙의 기회가 될 수도 있다.

가정에서 영상을 보면서 예배하면 좀 답답하고 뜨겁지 않은 것 같다. 집중하기도 어렵다. 성전에서 예배하는 것이 얼마나 좋은지 코로나 시대를 통해 알게 되었다. 주일이면 교회 가고, 새벽에도 교회 가는 것은 너무도 당연한 일이었다. 그러나 그 당연한 것이 당연하지 않게 되었다. 결국은 성전에서 예배하는 것이 얼마나 귀한 일인지 깨닫게 되었다. 위기가 기회가 된 것이다.

성전에 나가지 못해서 성전을 몹시 사모하던 사람들이 있었다. 바벨론 포로가 된 신실한 하나님의 백성들이다.

하나님이여 사슴이 시냇물을 찾기에 갈급함 같이 내

영혼이 주를 찾기에 갈급하니이다(시 42:1).

이들에게 가장 애통한 일은 예루살렘 성전에 가서 예배하지 못하는 것이었다.

> 내 영혼이 하나님 곧 살아 계시는 하나님을 갈망하
> 나니 내가 어느 때에 나아가서 하나님의 얼굴을 뵈
> 올까(시 42:2).

우리는 하나님의 성령 안에서 성전에 있든, 가정에 있든 예배할 수 있다. 그러나 구약에서는 하나님께서 당신의 백성들에게 일 년에 몇 번씩 성전에 나와서 얼굴을 보자고 하셨다. 포로로 끌려간 믿음이 올곧은 이들은 성전에 가서 하나님의 얼굴을 뵙지 못하고, 예배하지 못하는 것이 너무 안타까워 하나님을 갈망했다. 어려움 속에서 성전을 사모하는 마음이 당신에게 있는가? 그렇다면 당신은 복 있는 사람이다. 코로나 시기에 교회의 소중함을 깨달았다면, 오히려 복이다. 〈시편〉 27장 4절에서 이렇게 말한다.

> 내가 여호와께 바라는 한 가지 일 그것을 구하리니
> 곧 내가 내 평생에 여호와의 집에 살면서 여호와의

아름다움을 바라보며 그의 성전에서 사모하는 그것
이라.

우리 교회에서 드리는 금요집회를 'One Thing Night'라고
한다. '한 가지를 구한다'라는 뜻이다. 내가 여호와께 바라는 한
가지(One thing), 즉 내가 바라는 한 가지 기도제목이 있다. 평생
여호와의 집에서 주님을 사모하며 사는 것이다. 이것이 올곧은
사람들의 고백이다. 참으로 복 있는 사람은 성전을 사모한다.

다니엘이 예루살렘을 향하여 창문을 열고 하루에 세 번씩
기도했던 것처럼 환난의 때가 다 지나가기까지 직장에서, 가정
에서, 사업장에서 하루에 세 번씩 교회를 향해 마음을 열고 하
나님께 기도하기 바란다. 어려운 시간은 하나님을 사모하는 시
간이 되고, 하나님의 성전을 더 사모하는 계기가 될 것이다. 하
나님 나라는 결코 손해 보는 법이 없다. 올곧은 믿음의 사람들
로 세워지기를 주님의 이름으로 축복한다.

다윗은 평생 한 가지 일을 구했다. 그 한 가지 소원은 여호
와의 집에 살면서 여호와의 아름다움을 바라보며 그의 성전을
사모하는 것이다. 사모하고 사모하다가 주님 앞에 가는 것이다.
영원한 아버지 집에 가는 것이다.

예수님이 가르쳐 주신 주기도문 끝부분에 이런 내용이 있다.

> 우리를 시험에 들게 하지 마옵시고 다만 악에서 구
> 하시옵소서(마 6:13).

〈요한복음〉 17장 15절에 예수님의 기도가 나온다.

> 내가 비옵는 것은 그들을 세상에서 데려가시기를 위
> 함이 아니요 다만 악에 빠지지 않게 보전하시기를
> 위함이니이다.

◆

두려움 없는
담대한 믿음

이 땅에 남겨진 우리를 향해 예수님은 "다만 악에 빠지지 않게 보전하시기를 위함이니이다."라고 말씀하신다. 때가 되면 천국에 갈 사람들이 이 땅에 살면서 악에 빠지지 않기를 예수님은 기도하셨다. 예수님은 우리가 이 땅에서 시험에 들거나 악에 빠지지 않고 그리스도인답게 당당하고 담대하게 살기를 기도하신다.

우리는 불안하거나 두려워할 필요가 없다. 예수 믿는 사람들의 얼굴에는 두려움 없는 당당함이 드러나야 한다. 불안함이 없는 평안함이 드러나야 한다. 예수님은 〈요한복음〉 16장 33절에서 이렇게 말씀하셨다.

> 이것을 너희에게 이르는 것은 너희로 내 안에서 평안을 누리게 하려 함이라 세상에서는 너희가 환난을 당하나 담대하라 내가 세상을 이기었노라.

예수님 때문에 세상에서 환난을 당하고 비난을 당해도 두려워하지 말라. 주님은 우리에게 세상에서 환난을 당할지라도 '담대하라'라고 하신다. '두려워하지 말라'라고 하신다. 예수님께서 세상을 이기셨기 때문이다. 이미 승리는 정해져 있다. 끝에서 성공할 것을 아는 사람은 두려워하지 않는다. 우리는 끝을 아는 사람들이다.

하나님은 선하신 분이다. 우리는 반드시 좋은 결과로 맺어질 그 끝을 알고 있다. 하나님을 믿고 그분을 신뢰해야 한다. 우리는 주님의 뜻이 이루어지도록 예수님 안에 있어야 한다. "세상에서는 너희가 환난을 당하나 담대하라 내가 세상을 이기었노라"라고 말씀하신 주님을 믿고 의지하며 주의 평강을 누리기를 축복한다.

나의 평안을
너희에게 주노라

(출 12:1-14)

편리함과
평안

두려움과 불안 속에 살아가는 우리에게 꼭 필요한 것이 무엇일까? 그것은 '샬롬', 즉 '평안'이다. 히브리어로 평안은 '샬롬'이다. 마음속에 두려움이 있으면 맛있는 것을 먹어도 입에 쓰고 행복하지 않다. 마음속에 불안함이 있으면 좋은 옷을 입어도 행복하지 않다. '평안'이 있어야 행복하다.

사람들은 '편안함'을 추구한다. 편안하기 위해 돈을 벌고, 더 편하게 살기 위해 많은 것을 소유하려고 한다. 돈을 벌어서 안락한 의자를 사고, 좋은 침대를 사서 편하게 잠을 자고 좋은 가전제품을 사서 편하게 생활하고 싶어 한다. 옛날 우리 부모 세대에는 집 안에 수도가 없었다. 한겨울에 빨래를 하려면 마을 공동우물이나 개울에 가서 얼음을 깨고 해야 했다. 게다가 고무장갑도 없어서 찬물에 손을 담근 어머니의 손이 빨갛게 되고 트는 것을 여러 번 보았고, 동상에 걸리기도 하셨다. 그러나 요즘은 얼마나 편한 세상인가? 집 안에서 손가락 하나로 버튼만 누르면 저절로 세탁이 되고 헹굼에 건조까지 된다. 빨래가 다 되면 신호도 보내준다.

　　예전에는 '한양천리'라고 해서 며칠을 걸어서 한양에 갔다. 요즘은 몇 시간이면 대한민국 어디든 다 갈 수 있다. 이것이 문명이 주는 속도의 편리함이다. 우리는 편함을 추구하고 좋아한다. 그런데 편하다고 해서 마음까지 행복할까? 과학 기술은 우리에게 편리함을 줄 수 있지만, '평안'은 줄 수 없다. 〈요한복음〉 14장 27절을 통해 하나님께서는 우리에게 평안을 주시고 싶어 한다는 것을 알 수 있다.

평안을 너희에게 끼치노니 곧 나의 평안을 너희에게
주노라 내가 너희에게 주는 것은 세상이 주는 것과

같지 아니하니라 너희는 마음에 근심하지도 말고 두
려워하지도 말라.

세상은 우리에게 편리함을 준다. 우리 몸은 점점 더 편한 것
을 좋아하지만, 그럴수록 우리 마음은 더 공허해지는 듯하다.
예수님은 우리에게 그분의 평안을 주고 싶어 하신다. 편리함은
평안과 비슷하지만 의미가 전혀 다르다. 주님의 평안이 마음속
에 임하기를 축복한다.

내가 너희에게 평안을 끼치노니 곧 나의 평안을 너
희에게 주노라(요 14:27).

우리는 이전보다 많은 것을 소유하고 누리며 살고 있지만
우울, 불안, 공황장애 등 마음의 병을 앓고 있는 이들은 많아지
고 있다. 왜 그럴까? 평안이 없기 때문이다. 이 시대에 정말 필
요한 것은 마음의 평안이다. 성경은 말한다.

내가 너희에게 주는 것은 세상이 주는 것과 같지 않
다(요 14:27).

세상이 주는 것은 편리함이다. 편리함은 마음의 두려움과

불안을 해결해 주지 못한다. 정작 우리에게 필요한 것은 편리함이 아니라 평안이다. 그래서 예수님이 정말 필요한 것을 주시겠다고 하신 것이다. 예수님은 "너희는 마음에 근심하지도 말고 두려워하지도 말라."(요 14:27)고 하셨다.

예수님은 마음에 근심하지 않아도 될, 두려워하지 않아도 될 이유가 충분하기 때문에 이 말씀을 하셨다. 왜냐하면 하나님이 살아 계시기 때문이다. 우리는 살아 계신 하나님을 믿어야 한다.

TV와 신문, 인터넷으로 시시각각 들어오는 뉴스를 보고 있으면 우울해진다. 하나님이 보이지 않기 때문이다. 우리는 이런 매체를 통해 세상의 나쁜 일들만 듣고 본다. 화재, 흉측한 사건, 파업, 갈등만 보인다. 하나님이 보이지 않으니 불안하고 두려운 것이다. 그런데 하나님은 "나는 살아 있다. 내가 너에게 평안을 끼치노니 내가 주는 평안은 세상이 주는 것과 같지 않다. 너는 마음에 근심하지도 말고 두려워하지 말라. 나는 살아 있다."라고 하신다. 하나님의 전능하심을 믿는 우리는 이 땅에 살면서 두려워할 필요가 없다.

2020년 유독 사람들이 많이 찾아 읽은 소설이 있다. 프랑스 소설가 카뮈가 쓴 《페스트》라는 작품이다. 페스트는 14세기 유럽 인구의 삼 분의 일을 사라지게 했을 정도로 두려운 전염병이었다. 카뮈는 14세기에 있었던 흑사병을 자신이 살고 있는

19세기로 끌고 왔다. 이 소설에서 카뮈는 전염병에 걸린 인간의 공포를 그렸다. 프랑스 알제리의 '오랑'에서 발생한 페스트는 도시 인구의 절반을 죽음으로 내몰아 마지막에는 죽은 사람들을 위한 마지막 관마저 부족해 쓰던 관을 재사용했다고 한다. 시체 소각마저 어려워 그냥 굴려 해안 낭떠러지로 밀기도 했다. 생활필수품이 부족해 약탈을 하고 언제 죽을지 몰라 두려워했다. 그 당시는 요즘처럼 의학이 발달하지 않아서 전염병이 더욱 두려웠을 것이다.

우리가 사는 이 시대는 4차 산업혁명 시대, AI 시대이다. 우리는 똑똑한 AI를 만들어 내는 과학이 발달된 시대에 살고 있다. 그런데도 신종 코로나바이러스에 초강대국들은 맥을 추지 못하고 흔들렸다. 과학이나 의학도 코로나바이러스를 없앨 방법을 제시하지 못하고 있다. 지금 페스트를 두려워하는 사람은 없다. 백신이 있기 때문이다. 하지만 신종 코로나바이러스는 다르다. 이 바이러스 앞에 전 세계가 쩔쩔매고 있다. 그 바이러스에 감염될까 두려워한다. 백신이 없기 때문이다.

◆

불안의
정체

몸이 아프면 증상이 나타난다. 그 증상 때문에 병원에 가서 검사받고, 병을 발견하면 치료를 받는다. 불안은 두려움이라는 증상으로 나타난다. 실체 없는 두려움이 저만치서 오면 우리는 불안해한다. 예수님은 말씀하신다. "너희는 근심하지 말고 두려워하지 말라." 즉 불안해하지 말라고 하신다. 불안 속에 머물러 있지 말라고 하신다. 주님이 우리와 함께 계시고, 우리 안에 계시기 때문에 불안해하지 말라는 것이다.

불안을 생각하지 말고, 주님의 평안을 묵상하기 바란다. 불안은 아직은 아니지만 점점 다가오는 어떤 실체이다. 마침내 현실화되면 우리는 두려움에 사로잡히고 공포에 떨게 된다. 코로나 관련 소식을 뉴스나 신문으로 보았을 때, 친구의 연락을 받을 때 마음이 불안하다. 혹시 가까운 사람 중에 확진자가 있을까 염려한다. 내가 살고 있는 동네에 확진자가 생기면 두려움을 넘어 공포로 나아간다.

불안해할 이유가 없다. 왜 불안하게 살아야 하는가? 지금 문제 때문에 불안하면, 다음에 다른 문제가 오면 또 불안하다. 그러면 주님의 평안을 누릴 수 없다. 세상은 불안함을 준다. 편리함을 추구하다가 얻지 못하면 불안하다. 하나님은 우리에게 평안을 주시지 불안이나 두려움을 주시지 않는다. 우리는 살아 계신 하나님을 온전히 신뢰해야 한다.

불안하고 두려운 이 시대에 정말 필요한 것은 무엇일까? 지위, 명예, 부, 사람들의 위로보다 평안을 얻어야 한다. 참된 평안은 세상이 줄 수 없다. 의학과 과학도 줄 수 없다. 오직 예수님만이 우리에게 평안을 주신다. 두려워하지도 근심하지 않아도 될 이유는 살아 계신 하나님 때문이다. 그러면 어떤 하나님을 믿어야 불안과 두려움이 사라질까?

> 내가 그 밤에 애굽 땅에 두루 다니며 사람이나 짐승을 막론하고 애굽 땅에 있는 모든 처음 난 것을 다 치고 애굽의 모든 신을 내가 심판하리라 나는 여호와라(출 12:12).

이 말씀은 이스라엘 백성이 출애굽 직전 유월절 날, 죽음의 천사가 애굽 전역의 모든 장자를 죽이는 그날 밤에 하셨다. 그날 밤에 처음 난 모든 것을 치고 애굽의 모든 신을 심판하시고 "나는 여호와다."라고 말씀하셨다.

그날 밤을 한번 상상해 보라. 온 천지가 애곡하고 슬프고 불안하고 무서운 죽음이 오는 밤이다. 하나님께서 "그날 밤에 애굽을 치겠다. 내가 심판하겠다."라고 하신다. 얼마나 두려운 하나님인가? 심판하는 하나님을 생각하면 너무 두렵다. 이런 상황에서 하나님께서 그 일을 행하시는 이유가 있다. 하나님의 의도와 그분의 마음을 알면 하나님이 어떤 분인지 알 수 있다.

우리가 믿는 하나님은 두려운 분이 아니라 선하신 분이다.

◆

선하신
하나님

그러면 왜 장자를 치고, 애굽의 모든 신을 심판하실까? 당신의 백성을 건져내시고 보호하기 위해서다. 죽음이 엄습해 오는 밤은 두렵지만, 하나님의 뜻을 알면 하나님의 선하심을 알게 된다.

우리는 삶의 여정 속에서 '하나님이 계시는데 왜 내게 이런 일이 생길까? 나는 하나님을 잘 믿는데 왜 이런 일이 생길까?' 이해되지 않는 일들을 만나게 된다. 그럴 때는 그 상황만을 생각하지 말고, 하나님께서 이 일을 통해 무엇을 주시려는지, 무슨 일을 행하시려는지 생각하라. 그리고 그분의 선하심을 믿어야 한다. 그러면 오늘은 이해가 안 되지만, 때가 되면 하나님의 선하심을 알게 된다. 하나님은 당신의 선하신 뜻을 위해 지금의 고통과 어려움을 주신 것이다. 하나님은 우리에게 좋은 것을 주시는 좋은 아버지이다. 지금은 힘들지만 결국 그 선하심을 알게 하신다.

욥은 이해할 수 없는 일을 겪어야 했다. 그는 하나님을 사랑했다. 그런 그가 어느 날 모든 재산을 잃었다. 집이 무너지고 자식들은 한꺼번에 죽었다. 온몸에 병이 들었다. 피부병에 온몸이 가려워 기왓장으로 몸을 긁었다. 우리는 이 세 가지 중에 하나만 겪어도 살 수 없을 정도로 고통스러울 것이다. 모든 것을 잃어버린 욥도 하나님의 뜻을 이해할 수도, 알 수도 없었다. 그러나 욥은 견디고 인내했고 마침내 이렇게 고백한다.

내가 주께 대하여 귀로 듣기만 하였사오나 이제는 눈으로 주를 뵈옵나이다(욥 42:5).

무슨 뜻인가? 그때는 이해할 수 없었다는 것이다. 하나님이 왜 그러셨는지 이해할 수 없었는데, 하나님의 뜻을 "이제는 눈으로 주를 뵈옵나이다."라는 고백을 통해 알게 되었다는 것이다.

코로나19로 온 세계가 어렵고 답답한 상황에서도, 계속 확진자가 나오는 상황에서도 우리는 하나님의 선하심을 믿어야 한다. 때가 되면 '아, 그래서 그랬군요. 하나님 감사합니다.'라고 고백할 날이 올 것이다. 어떤 상황에서도 하나님은 좋으신 분이고 선한 분임을 믿을 때 우리 마음의 불안과 두려움은 사라질 것이다. 전능하신 하나님, 너무나 선하신 아버지의 뜻을 따라가다 보면 알게 된다.

첫 유월절을 맞이한 이스라엘 백성도 무척 답답했을 것이다. 그러나 죽음이 온 천지를 덮는 그날 밤에 그들은 애굽의 노예에서 해방되었다.

> 여호와께서 애굽 땅에서 모세와 아론에게 일러 말씀
> 하시되 이 달을 너희에게 달의 시작 곧 해의 첫 달이
> 되게 하고(출 12:1-2).

하나님께서 애굽 땅에서 종살이하던 모세와 아론에게 말씀하셨다. 마음의 위로가 되는 말씀이다. "달의 시작이 되게 하라. 곧 해의 첫 달이 되게 하라." 이 말씀은 이스라엘 역사가 시작된다는 것이다. 지금까지 이스라엘은 애굽의 달력을 사용했다. 유월절을 통해 이스라엘 민족은 새로운 역사가 시작되는 첫 달을 맞게 되었다. 감격스러운 말씀이다. 우리 인생의 첫 시작, 우리 인생의 스토리가 시작되는 그날, 너무 멋지지 않은가? 이스라엘 역사는 무엇으로 시작되었는가? 새로운 역사의 출발점은 무엇인가?

> 너희는 이스라엘 온 회중에게 말하여 이르라 이 달
> 열흘에 너희 각자가 어린 양을 취할지니 각 가족대

로 그 식구를 위하여 어린 양을 취하되(출 12:3).

어린양을 통해 새 역사가 시작되었다. 이들의 첫 시작, 이스라엘 민족의 첫 달은 어린양으로 시작되었다. 유월절 어린양은 예수님이시다. 〈요한복음〉 1장 29절에서 세례 요한에게 예수님이 세례를 받으려고 오시자 사람들에게 말한다. "보라 세상 죄를 지고 가는 하나님의 어린 양이로다." 유월절 어린양은 세상 죄를 지고 가는 예수님이다. 어린양을 통해 그들의 새로운 역사가 시작되었다. 그러면 그 양은 어떻게 되었을까?

그 피를 양을 먹을 집 좌우 문설주와 인방에 바르고
(출 12:7).

양을 잡은 후에 그 피를 좌우 문설주와 인방에 발랐다. 양은 죽여도 바르르 떨기만 하지 소리 지르지 않는다. 어린양을 죽인 후에는 다음과 같이 했다.

그 밤에 그 고기를 불에 구워 무교병과 쓴 나물과 아울러 먹되(출 12:8).

집 안에서 양고기를 먹었다. 이는 유월절 어린양이 되신 예수님의 성찬식을 의미한다. 성찬식 때 우리는 〈요한복음〉 6장 55-57절을 읽는다.

> 내 살은 참된 양식이요 내 피는 참된 음료로다 내 살을 먹고 내 피를 마시는 자는 내 안에 거하고 나도 그의 안에 거하나니 살아 계신 아버지께서 나를 보내시매 내가 아버지로 말미암아 사는 것 같이 나를 먹는 그 사람도 나로 말미암아 살리라.

◆

우리의 피난처 되시는
예수님

> 내가 그 밤에 애굽 땅에 두루 다니며 사람이나 짐승을 막론하고 애굽 땅에 있는 모든 처음 난 것을 다 치고 애굽의 모든 신을 내가 심판하리라 나는 여호와라(출 12:12).

그날 밤 죽음의 천사가 하늘에서 내려와서 애굽 땅 전역을 두루 다녔다. 죽음의 천사가 어디든 드리우기에 숨을 곳도 없다. 어디를 가도 죽음의 천사가 찾아오고, 굴을 파고 땅속에 들어가도 죽음의 천사가 찾아왔다. 지금의 시대가 그렇다. 피난처도 숨을 곳도 없다. 인생에 폭풍이 몰아치고, 먹구름이 몰려올 때 우리는 어디로 가야 할까? 피할 곳이 없다. 죽음의 천사가 애굽 땅을 두루 다니기 때문에 안전한 곳은 그 어디에도 없다. 그런데 안전한 곳이 있었다. 문설주와 인방에 어린양의 피를 바른 집이었다.

> 내가 애굽 땅을 칠 때에 그 피가 너희가 사는 집에 있
> 어서 너희를 위하여 표적이 될지라 내가 피를 볼 때
> 에 너희를 넘어가리니 재앙이 너희에게 내려 멸하지
> 아니하리라(출 12:13).

집 바깥 문설주와 인방에 유월절 어린양 예수의 피를 바르고 그 안에 숨으면 죽음의 천사가 그 피를 보고 그냥 넘어갔다. 왜냐하면 이미 죽었기 때문이다. 그 안에 있는 사람이 죽어야 하는데, 이미 누군가가 죽어서 피를 발랐기 때문에 넘어가는 것이다. 이것이 대속의 피다. 우리가 죽을 자리에서 예수님이 죽으셨기 때문에 죽음이 넘어가는 것이다. 그 사람의 인격, 그 사람의 가문과는 아무 상관없이 그 피를 볼 때 죽음은 넘어간다. 예수 그리스도 십자가의 죽음이 우리 인생에 발라져 있기

때문에 넘어간다. 예수의 피 안에 있는 사람만 안전하다. 우리의 피난처는 예수님이시다. 세상 어디에도 피할 곳은 없다. 안전한 피난처는 예수님뿐이다.

◆

근심과 두려움을
이기는 법

3세기 초 지중해를 장악해 대제국을 건설했던 로마도 천연두 창궐로 500만 명 이상이 목숨을 잃으며 몰락을 재촉했다. 당시 로마 인구로 볼 때, 500만 명이라는 숫자는 엄청났다. 재앙이 찾아왔을 당시, 로마와 이교도와 철학자들은 무기력했다. 죽음을 불러오는 전염병이 제국에 창궐했을 당시, 소피스트 철학자들은 "세계가 늙어가며 미덕은 말라간다."라고 말할 뿐이었다. 그러나 그리스도인들은 달랐다.

전염병 앞에 초강대국 로마도 속절없었다. 강력한 군사력으로도 어찌해볼 수 없는 강력한 전염병이었다. 로마 시내와 골목마다 죽은 사람들이 넘쳐났다. 하지만 누구 하나 병이 옮길까 두려워 주검을 치우지 않았다. 그런데 밤이 되면 텅 빈 거리에 검은 옷을 입은 사람들이 나타나 길바닥에 있는 수많은 주검을 수습했다. 매일 밤 그렇게 했다. 밤마다 시신을 수습하는 그들은 누구였을까? 사람들은 궁금했다. 그들은 로마의 기독교 박해를 피해 지하에서 살고 있던 카타콤의 그리스도인이었다. 신앙을 지키기 위해 지하 묘지에 살면서 밤이 되면 나와서 사람들의 안전을 위해 시신을 치운 것이다. 그들의 선한 행실은 기독교에 대한 로마 정부의 오해를 푸는 계기가 되었다. 로마가 기독교를 공인할 때 그리스도인의 선행이 많은 영향을 주었다는 기록도 있다.

이상한 것은 그리스도인들이 전염 위험성이 높은 수많은 주검을 수습했는데도 천연두에 걸린 사람이 별로 없었다는 사실이다. 이것은 의학적으로 설명이 되지 않는다. 믿음의 눈으로 설명하면, 하나님께서는 신실한 주님의 제자들을 사용하신 것이다. 그들은 주님의 손이었고 주님의 발이었다. 그들은 전능하신 하나님을 신뢰했다. 하나님의 선하심을 신뢰한 것이다. 과학으로, 의학으로 해석할 수 없는 그 일을 하나님의 손에 붙잡힌 그 사람들을 통해 행하신 것이다. 이 시대를 살아가는 우리 그리스도인들도 로마 시대의 그리스도인들처럼 두려워하지 말고, 살아 계신 하나님을 믿고 나아가야 한다.

하나님은 우리의 피난처시요 힘이시니 환난 중에 만
날 큰 도움이시라 그러므로 땅이 변하든지 산이 흔

들려 바다 가운데에 빠지든지 바닷물이 솟아나고 뛰
놀든지 그것이 넘침으로 산이 흔들릴지라도 우리는
두려워하지 아니하리로다(시 46:1-3).

두려워하면 두려움에 사로잡힌다. 우리는 두려워할 필요가
없다. 예수님께서 "너희는 근심하지도 두려워하지도 말라."라
고 하셨다. 왜냐하면 우리 하나님은 살아 계시기 때문이다. 하
나님은 우리의 피난처이시고, 힘이시고, 환난 중에 만날 큰 도
움이시다. 그분이 계시기 때문에 땅이 흔들려도 산이 흔들려
바다에 던져져도 우리는 안전하다. 그분은 살아 계신 하나님이
다. 유월절 어린양이신 예수님은 〈요한복음〉 14장 27절에서 이
렇게 말씀하신다.

평안을 너희에게 끼치노니 곧 나의 평안을 너희에게
주노라 내가 너희에게 주는 것은 세상이 주는 것과
같지 아니하니라 너희는 마음에 근심하지도 말고 두
려워하지도 말라.

하남교회는 강화된 사회적 거리두기로 교회에 나와 예배드
릴 수 없으니 새벽마다 교역자들이 성도들을 대신해 기도하고
있다. 망루에 선 파수꾼의 심정으로 교구 목사들은 교구 식구

들 한 사람 한 사람을 가슴에 품고 기도하고 있다. 교회학교 교역자들은 교사들과 아이들을 가슴에 품고 유월절 어린양 예수님의 피를 바르듯이 절박한 마음으로 기도하고 있다.

두려워하지 말라. 하나님은 우리의 피난처이고 환난 중에 만날 큰 도움이시다. 주님이 주시는 평안을 누리기 바란다. 〈출애굽기〉 12장 13절에서 "내가 피를 볼 때에 너희를 넘어가리니 재앙이 너희에게 내려 멸하지 아니하리라."라고 말씀하셨다. 피를 볼 때에 넘어가시는 예수의 피 안에서 승리하기를 주님의 이름으로 축복한다.

소원을 발견하기까지
평범한 인생이다

(마 13:44-46)

평범한

인생 탈출

대학을 졸업하고 취업한 어느 청년의 마음에 산티아고 순례 길을 걷고 싶다는 소망이 생겼다. 일상에 지쳐 있던 그에게 순례길에 대한 열정이 생긴 것이다. 청년은 계획을 세우고 즐겁고 기쁜 마음으로 여행에 필요한 것들을 준비했다.

사람을 움직이는 원동력은 가슴에 품은 소원이다. 소원을 갖기 전까지는 평범하게 산다. 왜 사람들은 힘없이 살아갈까? 그 사람의 성격 때문이 아니라 가슴에 불타오르는 열망, 소망이 없기 때문이다. 그래서 소원이 생기기 전까지는 평범한 인생을 살 수밖에 없다.

강렬한 열망, 열렬한 소망을 'Desire'라고 표현할 수 있다. '오늘 커피 마시고 싶다.' 이런 것은 'wish' 혹은 'hope'다. '사슴이 시냇물을 찾기에 갈급함 같이' 소원을 향해 달려가는 열망이 'Desire'다. 인생을 끌고 갈 만한 가슴에 불을 붙일 소원이 생기면 우리는 그 소원을 따라가게 된다. 소원은 우리 인생을 새롭게 만드는 모티베이터(motivator: 동기를 부여하는 것 또는 사람)가 된다.

소원을 발견하기까지는 평범한 인생이지만, 소원을 발견한 이후에는 완전히 달라진다. 사람들이 TV 프로그램에 나와서 그동안 품어 온 자신의 소원이나 꿈에 대해 말하는 것을 볼 때가 있다. 그들은 산티아고 순례나 오지 여행을 가고 싶어 한다.

어느 남편이 소파에서 TV를 보다가 옆에 있는 아내에게 말했다.

"여보, 나도 소원이 있어. 한 번도 안 가본 곳에 가서 한 번도 해보지 않은 일을 하고 싶어."

남편의 말을 들은 아내가 이렇게 대꾸했다.

"그러면 되겠네. 부엌에 가서 설거지해."

사람들은 새해가 되면 이런저런 계획을 세운다. 마음의 소원을 품는다. 작년보다 조금이라도 나은 삶을 살고 싶다면 꼭 기억해야 할 것이 있다. 다른 결과를 원한다면 다르게 살아야 한다는 것이다. 예전처럼 살면 다른 결과가 나올까? 다른 결과는 기대할 수 없다. 좀 더 나은 결과를 기대한다면 분명히 다른 것을 시도하고 실천해야 한다.

◆

인생을 새롭게 하는
멋진 소원

멋진 소원 하나가 있다면, 그 소원이 우리 인생을 새롭게 바꾸어 간다. 그래서 사슴이 시냇물을 찾기에 갈급함 같은 그런 열망, 강렬한 소망이 필요하다. 오늘 말씀에서 예수님은 천국을 설명하면서 밭에 감추인 보화 같다고 하셨다.

> 천국은 마치 밭에 감추인 보화와 같으니 사람이 이를 발견한 후 숨겨 두고 기뻐하며 돌아가서 자기의 소유를 다 팔아 그 밭을 사느니라 또 천국은 마치 좋은 진주를 구하는 장사와 같으니(마 13:44-45).

농부와 진주를 구하는 장사는 보화와 진주를 발견하기 전까지는 평범한 농부요, 평범한 장사꾼이었다. 하지만 보화와 진주를 발견한 후에는 평범한 사람이 아니다. 새로운 인생이 시작된 것이다. 우리는 소원을 발견하기 전까지는 평범한 사람, 평범한 인생이다.

왜 우리는 열정적인 삶을 살지 못할까? 왜 우리는 탁월한 삶을 살지 못할까? 우리 마음인 밭에 감추인 보화를 발견하지 못했기 때문이다. 예수님은 보화를 발견한 사람이 그 후 어떻게 되었는지는 이야기 하지 않으셨다. 그러나 우리는 얼마든지 상상할 수 있다. 진주를 발견한 사람, 밭에 감추인 보화를 발견한 사람은 아마도 이전과는 다른 삶을 살았을 것이다.

우리는 소원에 따라 사는 소원을 가진 존재이다. 동물에게는 소원이 없다. 그러나 사람에게는 소원과 꿈이 있다.

그리스도인은 12월 31일에 송구 예배를 드린다. 하나님께 예배하면서 한 해를 보내고 한 해를 맞이한다. 그러면 하나님을 모르는 사람들은 어디에 있을까? 그들은 정동진이나 해남 땅끝 마을, 산을 향해 떠난다. 그곳에서 새해 해맞이를 하기 위해서다. 새해 첫날의 일출은 사람의 마음을 벅차오르게 한다. 떠오르는 해를 보면서 마음의 소원을 빌고 사진을 찍는다. 하나님은 우리 마음에 소원을 주신다. 〈빌립보서〉 2장 13절이다.

너희 안에서 행하시는 이는 하나님이시니 자기의 기
쁘신 뜻을 위하여 너희에게 소원을 두고 행하게 하
시나니.

하나님은 우리 마음속에 그분의 소원을 주시고 그 소원에
따라 살아가게 하신다. 그리고 그 소원을 이루신다.

네 마음의 소원대로 허락하시고 네 모든 계획을 이
루어 주시기를 원하노라(시 20:4).

이것이 하나님의 마음이다. 《마음의 소원을 이루는 영적 법
칙》이라는 책에 나오는 내용이다.

어느 날 두 청년이 어두운 골목길을 걸어가고 있었다. 그들
은 노름판에 가는 중이었다. 골목길을 돌아서니 골목 끝에 예
배당이 있었다. 예배당 입구에는 예배 안내와 주일 설교 제목
이 적혀 있었다. 그날 예배당 입구에 적혀 있던 설교 제목은
'죄의 삯은 사망'이었다. 그것을 본 한 청년은 순간 발길이 멈
추었고 마음이 움직였다. '아, 죄의 삯은 사망이구나.' 그는 노
름판에 갈 수 없었다. 그는 친구에게 가지 말자고 했다. 둘은 옥
신각신한 후에 한 사람은 교회로, 다른 한 사람은 노름판으로
갔다.

한 청년은 교회에서 죄의 삯은 사망이라는 설교를 듣고 주님을 따라 신앙의 길로 갔고, 다른 청년은 죄의 길로 갔다. 그리고 30년의 세월이 흘렀다. 교회로 간 사람은 어떻게 되었을까? 30년 후 그는 미국 대통령이 되었다. 그가 바로 그로버 클리블랜드다. 남북전쟁 이후 민주당 후보로 대통령에 당선된 그로버 클리블랜드는 백악관을 떠난 4년 뒤에 두 번째 임기를 시작한 최초의 대통령이기도 하다. 노름판에 갔던 청년은 친구의 대통령 취임식 날, 감옥에서 친구가 대통령으로 취임한다는 신문 기사를 보고 후회의 눈물을 흘렸다.

◆

강렬한 마음의
소원

세상 모든 사람에게는 소원이 있고 그 소원은 모두 다르다. 〈잠언〉 10장 28절을 보면, 악인도 소원을 품는다. 그러나 "의인의 소망은 즐거움을 이루어도 악인의 소망은 끊어진다."라고 했다.

의인의 소원은 즐거움과 기쁨을 준다. 그러나 악인의 소원은 지금 당장은 재미있고 즐겁게 하는 것 같지만 인생을 잘못

된 길로 이끌어 간다. 소원이 우리를 이끌기 때문이다.

예수 믿는 사람들의 소원은 의인의 소원이고, 하나님을 모르는 사람들의 소원은 아무리 좋아도 악인의 소원이다. 결과가 전혀 다르기 때문이다.

소원을 품기 전에 우선되어야 할 것이 있다. 예수님을 구주로 믿고, 하나님의 자녀가 되는 것이다. 우리는 주님 안에서 의인이 되어야 한다. 그러면 우리의 소원은 의인의 소원이 되고 좋은 결과를 낼 것이다.

예수님을 구주로 믿는 하나님의 자녀가 되는 것이 가장 중요한 우선순위이다. 이 땅에 사는 동안 우리는 세 번 태어난다. 첫 번째는 부모의 몸에서 태어나는 육체의 탄생이다. 두 번째는 성령 안에서 거듭나는 영의 탄생이다. 세 번째는 이 땅에서 왜 살아야 하는지, 삶의 이유와 목적을 아는 사명의 탄생이다.

우리가 예수를 믿고 거듭나도 강렬한 마음의 소원이 없으면, 평범한 삶을 살 수밖에 없다. 우리에게 소원을 주시는 분도 하나님이며, 그 소원을 이루게 하시는 분 또한 하나님이시다. 당신의 마음속에 하나님의 소원이 잉태되고, 그 소원을 발견해서 새로운 삶을 살게 되기를 예수님의 이름으로 축복한다.

밭에 감추인 보화를 발견한 사람은 보화를 발견하기 전에는 평범한 인생이었지만, 발견한 후에는 비범한 인생을 살았을 것이다.

그러면 이 보화는 어디에서 발견되는 걸까? 오늘 본문은 밭에서 발견되었다고 말한다. 당시 유대의 부자들은 외세나 강도의 침입에 대비해서 밭이나 땅에 보물을 감추었다고 한다. 밭에 보화를 감추고 돌아오지 못하거나 죽으면 그 보화는 주인 없는 것이 된다. 당시에는 이런 경우가 많았다고 한다.

《꿈의 씨앗을 심어라》를 쓴 황성주 박사는 의사이자 목사이다. 광주제일고등학교에 입학한 그는 전교에서 450등 정도 했다. 꿈도 없이 대충대충 평범하게 학교에 다녔다. 그런데 학기 말 마지막 수업에 미술 선생님이 들어오셨다. 미술 선생님이 학생들에게 이런 이야기를 했다.

"교직 생활 40년 동안 가장 보람 있었던 때는 어느 섬마을에서 봉사하면서 지낸 2년이다. 임기를 마치고 떠나려는데, 섬마을 사람들이 모두 선착장에 나와서 울면서 나를 붙잡았다."

선생님의 이야기를 들은 고등학생 황성주의 가슴에 '섬김과 봉사'라는 말이 마음에 와닿았다. 가슴이 뛰기 시작했다.

'섬김과 봉사가 귀한 것이구나. 노벨 평화상을 수상한 슈바이처 박사도 아프리카에서 의료봉사를 하면서 섬기는 삶을 살았지. 나도 섬김과 봉사를 할 수 있는 의사가 되고 싶다.'

그때부터 의사의 꿈을 꾸고 열심히 공부해서 서울대 의대에 들어갔다.

한 사람의 마음에 소원이 들어오면, 꿈을 꾸게 되고, 꿈을 꾸면 태도가 달라지고 인생이 달라진다. 학교에서 즐겁게 공부하며 놀다가 농사를 지을 수도 있고, 직장에 다닐 수도 있다. 그리고 새로운 길로도 갈 수 있다. 우리 앞에는 수많은 가능성이 열려 있다. 고등학생 황성주는 학교에서 그의 인생을 바꾸는 꿈을 갖게 되었다. 삶의 행로를 완전히 바꾸는 소원을 가슴에 품게 된 것이다.

성경 속의 농부는 어디에서 보화를 발견했는가? 그는 밭에서 발견했다. 밭은 그가 늘 일하는 장소다. 깊은 산 속이나 바닷속이 아니라 평범한 일터에서 보화를 발견했다.

진주를 구하는 장사꾼도 자신의 일터에서 값진 진주를 발견했다. 공부하는 학생은 학교에서, 직장인은 직장에서 꿈을 발견하는 것은 당연하고 지극히 정상이다. 각자의 삶의 영역에서 가슴을 뛰게 하는 소원을 발견하는 것이다. 우리가 가장 많은 시간을 보내는 곳이 일터다. 하나님은 우리를 일터로 부르셨다.

천국은 마치 품꾼을 얻어 포도원에 들여보내려고 이른 아침에 나간 집 주인과 같으니(마 20:1).

예수님은 포도원에 일꾼을 들여보내기 위해 이른 아침에 일꾼을 찾으러 거리로 나가셨다. 포도원은 일터다. 예수님은 우리에게 말씀하신다.

내 생애 마지막 한 달

아버지께서 나를 세상에 보내신 것 같이 나도 그들
을 세상에 보내었고(요 17:18).

여기서 말하는 세상은 일터다. 우리의 일터에서 발견한 꿈
은 하나님이 주시는 꿈일 수 있다. 나는 목사이기 때문에 '목회
를 더 잘해야지. 좀 더 기도해야지.' 하는 소원을 품는다. 이는
틀림없이 하나님이 내게 주시는 꿈이다. 그런데 엉뚱하게 '프
로 골퍼가 되고 싶다.'고 예배는 대충 드리고, 설교 준비도 안
하고, 매일 골프장에 가서 연습만 한다면, 그 꿈은 하나님이 주
신 것이 아니고 욕망일 뿐이다.

학생이 학교에서 '하나님의 영광을 위해 열심히 공부하겠
다.'라는 것은 너무 훌륭한 꿈이다. 직장에서 '회사에 꼭 필요한
사람이 되어야지.' 하는 결심은 하나님이 주신 꿈이다. 하나님
은 우리를 일터에서 부르신다. 우리의 보화를 어디에서 발견할
수 있을까? 우리 삶의 현장에서다. 우리는 평범한 삶의 현장 속
에 살지만, 이곳에서 하나님이 주신 소원을 발견하면 우리 인
생이 새로워질 수 있다.

건강검진을 하고 결과를 보러 가는 길은 그리 즐겁지 않
다. 불과 몇 년 전만 해도 모든 것이 좋았다. 여러 건강 수치들
이 좋았다. 그런데 얼마 전부터는 몸 이곳저곳이 아프다. 그러
니 "여기도 안 좋고, 저기도 안 좋다."라는 말이 늘었다. 지난번

에는 위 조직 검사를 했는데 이번에는 장에서 조직을 떼어 검사했다. 의사가 검사 결과를 보면서 이런저런 조언을 해주었다. "운동하세요. 운동하셔야 합니다. 숨이 차도록 하세요. 일주일에 다섯 번씩 하세요."

어느 날 책에서 이런 글을 읽었다. "마흔까지 건강은 하나님 책임이고, 그 이후의 건강은 자기 책임이다." 많은 생각을 하게 하는 글이다. 젊을 때는 뭘 해도 건강하다. 밤을 새우고 일해도 거뜬하다. 감기에 걸려도 금세 회복된다. 마흔까지 건강은 하나님 책임이고, 그 이후는 우리 책임이라는 것이다. 정말 그런 것 같다. 병원에서 의사의 말을 듣고 이런 생각이 들었다. '그래, 지금부터 숨이 차도록 운동하자. 이제는 내가 심장을 뛰게 할 차례구나.'

사람의 심장이 뛰는 때가 두 번 있다. 아주 절박하거나, 가슴 뛰는 꿈을 발견했을 때다. 절박할 때는 긴장이 되면서 가슴이 두근거린다. 좋은 꿈을 발견하면 가슴이 뛴다.

여러분의 올해 소원은 무엇인가? 절박한 소원인가, 아니면 가슴을 뛰게 하는 훌륭한 꿈인가? 하나님은 우리 마음에 소원을 주기 원하시고, 소원을 가지라고 하신다. 그래서 가슴 뛰는 삶을 살라고 하신다.

밭에 감추인
보화 찾기

> 천국은 마치 밭에 감추인 보화와 같으니 사람이 이
> 를 발견한 후 숨겨 두고 기뻐하며 돌아가서 자기의
> 소유를 다 팔아 그 밭을 사느니라(마 13:44).

천국은 마치 밭에 감추인 보화와 같다. 어떤 사람이 보화를 발견한 후에 숨겨 두고 기뻐하며 돌아갔다. 보화를 발견했을 때 가슴이 쿵쿵 뛰었을 것이다. 이제 우리의 가슴을 뛰게 해야 한다. 큰 소원을 품든, 절박한 소원을 품든 우리의 가슴을 뛰게 해야 한다. 이것이 바로 하나님께서 우리에게 원하시는 것이다. 한 해 동안 가슴 뛰는 소원이든, 절박한 소원이든 소원이 있기를 바란다. 그래야 우리 인생이 새로워진다.

어느 교회 새가족 반을 인도하는 목사님이 새가족들에게 부자와 나사로 이야기를 들려주었다.

"부자는 이 땅에 사는 날 동안 자색 옷을 입고 날마다 호화롭게 연락하며 살았습니다. 그는 죽어서 음부에 갔습니다. 반면에 가난한 나사로는 부자의 문 앞에서 살았습니다. 나사로는 먹을 것이 없었고 온몸에 헌데가 나서 병들어 죽었습니다. 그는 죽어서 아브라함의 품에 안겨 천국에 갔습니다."

이야기를 마친 후 새신자들에게 물었다.

"여러분은 누구처럼 살고 싶습니까?"

"목사님, 살아서는 부자처럼 살고, 죽어서는 나사로처럼 살고 싶어요."

나는 이것이 진짜 정답이라고 생각한다. 살아서도 잘살면 좋지 않겠는가? 그리고 천국 가면 더 좋지 않겠는가? 이것이 하나님의 마음이라고 나는 믿는다. 둘 중 하나를 누리는 것이 아니라, 할 수 있다면 둘 다 누리기를 축복한다. 신앙인으로 살다가 주님 앞에 서는 믿음의 사람이 되기 바란다. 우리는 모두 부자로 살고, 나사로처럼 죽기를 원한다. 성경 〈마태복음〉 13장 44절은 이런 소원을 갖는 방법에 대해 확실하게 말한다.

보화를 발견한 사람은 너무 기뻐서 돌아갔다. 그리고 자기의 소유를 다 팔아서 그 밭을 샀다. 보화를 산 것이 아니라 보화가 숨겨진 밭을 샀다는 것이 중요하다. 보화를 가지려면 보화가 있는 밭을 사야 한다. 예수님은 비유로 굉장히 중요한 것을 말씀하셨다. 보화, 즉 천국은 밭을 사는 것이다. 보화가 숨겨 있는 밭을 사면 보화는 내 것이 된다.

그러면 밭은 무엇일까? 보화와 천국, 즉 예수님은 어디에 숨겨져 있을까? 예수님이 숨겨져 있는 밭은 어디일까? 우리가 드리는 예배가 바로 예수님이 숨겨져 있는, 천국이 숨겨져 있는 밭이다.

예배 속에 예수님이 계신다. 예배 속에 천국이 있다. 예수 믿는 사람들이 예배하는 것에 게으르면 천국과 보화를 얻을 수 없다. 성도에게 있어 가장 중요한 첫 번째 행위는 예배이다. 보화가 숨겨져 있는 밭을 사려면 예배에 인생을 걸어야 한다. 하나님은 똑똑한 사람, 잘난 사람, 부유한 사람을 찾는 것이 아니라 영과 진리로 예배하는 사람을 찾으신다.

예배라는 밭을 사면 그 안에 있는 보화는 우리의 것이 된다. 예배를 대충 드리면 대충 사는 인생이 되고, 예배를 가볍게 여기면 인생도 가볍게 여기게 된다. 보화는 예배 속에 있다. 그래서 매주 예배를 사면 그 안에 있는 온갖 좋은 것들을 얻게 되는 것이다. 〈골로새서〉를 보면 예수님이 어떤 분인지 알 수 있다.

그 안에는 지혜와 지식의 모든 보화가 감추어져 있느니라(골 2:3).

예배에는 지혜와 지식의 모든 보화가 감추어져 있다. 예배를 사는 것은 희생이다. 예배를 드리기 위해 시간을 비워야 하고 재미난 일들을 포기해야 한다. 때로는 예배 때문에 손해 보는 일도 있다. 이런 것이 예배를 사는 것이다. 마음을 다해서, 뜻을 다해서, 힘을 다해서 주님을 사랑하는 것이다. 예배라는 가치, 예배라는 보화를 얻기 위해 전 재산을 팔아 밭을 사야 한다. 즉 예배에 인생을 걸어야 한다. 하나님이 분명히 지혜와 지식의 모든 보화를 여러분에게 더해 주실 것이다. 〈신명기〉 28장 2절에 하나님의 분명한 약속이 있다.

> 네가 네 하나님 여호와의 말씀을 청종하면 이 모든 복이 네게 임하며 네게 이르리니.

오직 이것밖에 없다. 여러분이 하나님 말씀에 청종하여 말씀을 믿고 예배에 인생을 걸면 "들어와도 복을 받고 나가도 복을 받을 것"(28:6)이다. 여러분이 예배를 사면, 여호와의 말씀에 청종하면 가는 곳마다 복이 따라다닌다.

> 여호와께서 명령하사 네 창고와 네 손으로 하는 모든 일에 복을 내리시고 네 하나님 여호와께서 네게 주시는 땅에서 네게 복을 주실 것이며(신 28:8).

하나님은 복의 근원이시다. 우리가 손으로 하는 모든 일에 복을 더하시겠다고 하나님께서 약속하셨다. 열망을 갖고 살기 바란다. 우리가 예배에 대한 소원과 열망, 하나님을 갈망하는 성실한 예배자가 될 때 하나님의 복이 임할 것이다.

약속의 말씀에 청종하면 들어가도 복을 받고, 나가도 복을 받고, 네 손으로 하는 모든 일에, 네 창고에 하나님께서 복을 주신다. 소원을 발견하기 전까지 우리는 평범한 사람이다. 그러나 밭에 감추인 보화를 발견하면 인생이 새로워진다. 평범한 일상 속에 감추어진 보화를 발견하길 축복한다.

2부

변화하는 삶

당신은 어떤 사람이
되고 싶은가?

(마 5:13-16)

빛나는 인생,
변화

'변화'에는 두 가지가 있다. 첫 번째는 모양의 변화다. 내용은 같은데 모양만 바뀌는 것을 물리적 변화라고 한다. 우리 교회 예배당의 장의자는 상수리나무를 베어다가 건조하고 다듬어 목공소에서 잘 가공해서 만든 것이다. 모양만 바뀌었지 나무의 성질은 바뀌지 않았다. 내용은 그대로 나무다.

두 번째 변화는 물이 포도주가 되는 것처럼 내용이 바뀌는 것이다. 내용 자체가 바뀌는 것을 화학적 변화라고 한다. 전혀 다른 물질이 되는 것이다.

영어로 변화는 'Transform'이다. 완전히 바뀌는 것이 Transform이다. 우리의 육과 혼과 영은 주님 안에서 변화되어야 한다. 말씀을 잘 듣고 삶에 적용해 여러분의 영·혼·육이 건강하게 변화되기를 바라고 기대한다. 하나님이 우리에게 기대하는 변화는 다음과 같다.

첫째, 하나님은 병든 몸이 건강하게 회복되기를 원하신다. 의사는 고칠 수 없어도 하나님은 고치신다. 말씀을 듣고 행하면 하나님께서 물을 포도주로 바꾸시듯 몸을 건강하게 바꾸실 것이다. 둘째, 우리의 못난 성격이 온유하고 겸손하신 예수님을 닮아서 따뜻하고 좋은 성품으로 바뀌는 것이다. 셋째, 우리의 밋밋한 믿음이 주님이 인정할 만한 좋은 믿음으로 변하는 것이다. 우리는 예수 믿고 빛나는 믿음의 사람으로 바뀌어야 한다. 하나님이 우리를 변화시켜 주실 것이다.

사람들은 변화하고 싶어 한다. 미국 갤럽에서 미국 사람을 대상으로 "당신의 외모에 만족하십니까?"라는 조사를 한 적이 있다. 이 질문에 남자들은 28%가 "그렇다."라고 응답했다. 그런데 여자들은 13%만 자신의 외모에 대해 만족한다고 응답했다. 만약 이 질문을 외모지상주의가 강한 한국 사회에 했다면

13%도 안 나왔을 것이다.

"만약 당신의 외모를 바꿀 수 있다면 바꾸겠습니까?"라는 질문에 남자들은 93%가, 여자들은 99%가 바꾸겠다고 응답했다. 이 결과가 의미하는 것은 사람들 마음속에는 변화에 대한 바람이 잠재되어 있다는 것이다.

'나를 바꾸고 싶다.'는 생각은 간절하지만 여건이 안 돼서 혹은 차일피일 미루다가 변화를 위한 실천을 하지 못한다. "새해에는 살을 빼야지." 12월 말이 되면 다음 해에 대한 소원을 품는다. 그런데 1월에는 열심히 운동하고 식이요법을 하다가 어느새 마음 한구석에는 변화에 대한 소망은 있지만, 이런저런 핑계로 계획을 실천하지 못하고 있는 자기 모습을 발견한다. 많은 사람이 변화에 대한 욕구가 있다. 그리고 그 변화의 욕구에는 외모와 관련된 것이 강하다. 외모가 변하면 "인생이 변화될까?" 그렇기도 하다. 하지만 외모보다 더 필요한 변화가 있다.

"당신은 어떤 사람이 되고 싶은가?" '어떤 사람'과 '무엇'은 다르다. "무엇이 될 것인가?" 이것도 중요하지만, "어떤 사람이 될 것인가?"가 더 중요하다.

세상에서
그리스도인의 역할

　우리나라 교육부에서 초·중·고 학생들을 대상으로 미래 직업에 대한 선호도 조사를 했다. 2015년 학생들이 가장 선호하는 직업 1위는 교사였다. 학생들이 선생님을 마음으로 존경하는지는 모르겠지만, 교사가 되고 싶다는 학생들이 많았다. 2019년에는 어떤 직업을 선호했을까? 똑같은 항목으로 발표했는데 초등학생들이 선호하는 1위 직업이 교사에서 스포츠맨으로 바뀌었다. 중·고등학생들은 여전히 교사가 되고 싶다고 응답했다. 그런데 학생들이 선생님을 존경하고 가르치는 일에 의미를 두어 소망을 품는다면 좋은데, 그게 아니다. 요즘 학생들은 선생님을 거의 존경하지 않는다. 교사가 무슨 말을 해도 잘 듣지 않는다. 수업 시간에 학생이 엎드려 자도 교사가 어떻게 하지를 못 한다. 선생님을 존경하지 않으면서, 교사라는 직업이 어렵다는 것을 알면서도 왜 되고 싶어 할까? 직업의 안정성 때문이다.

　요즘 청년들은 공무원을 꿈꾼다. 국가와 사회에 봉사하고 싶어서일까? 물론 그런 사람도 있겠지만 직업의 안정성 때문이다. 나는 이런 젊은이들을 보면 슬퍼진다. 왜 그 많은 직업군

중에 교사가 되기 위해, 공무원이 되기 위해 노량진 학원가로 가는 걸까?

직업에는 귀천이 없다. 자기 적성에 맞는 직업을 가지면 된다. 직업은 '무엇이 될 것인가?'이다. 무엇이 된다는 것은 중요한 문제다. 어떤 직업을 가진다는 것은 굉장히 중요하다. 그 직업에 자기 인생 대부분의 시간을 보내기 때문이다. 직업이 그 사람의 인생이라고 해도 과언이 아니다.

그리스도인들이 자기의 일을 더 잘하기 위해 애쓰고 열정을 쏟아붓는 것은 정말 중요하다. 그렇게 살아야 한다. 그런데 자기 일에 애정을 갖거나, 열정을 쏟아붓는 사람이 많지 않다. 그냥 되는대로 살아가는 것 같다. 자기 인생인데 말이다.

이지성이라는 크리스천 작가가 있다. 자기계발서 작가로 유명한 이분이 쓴 책 중에 제일 감동 받은 책이 《꿈꾸는 다락방》이다. 최근에 《에이트 씽크》라는 책이 나왔는데, 그 책에 이런 내용이 있다.

> 지금 이 책을 읽고 있는 여러분은 자기가 하는 일에 자기 인생을 한 단계 업그레이드하기 위해서 얼마나 애쓰고 있는가? 만약 당신의 인생을 한 차원 높일 수 있는, 좀 더 나은 인생을 살 수 있도록 도움을 주는 세미나가 있다면 당신은 참석하겠는가? 그 세미

나는 비행기를 타야 하고 경비는 3천만 원 정도 들고 시간은 10주 정도 소요된다.

이지성 작가의 말을 빌려서 여러분에게 묻고 싶다. 여러분의 인생을 업그레이드하기 위해, 여러분이 하는 일을 좀 더 잘하기 위해 비행기를 타고 3천만 원을 내야 하는 10주 세미나에 참석하겠는가? 대부분의 사람은 경비 3천만 원 때문에 참석하지 않을 것이다. "그곳에 왜 가야 하나요?" 하는 이들이 대부분이지만 "정말 그런 곳이 있나요?" 질문하는 이도 간혹 있다고 한다.

이지성 작가가 말한 곳은 어디일까? 싱귤래리티 대학교(Singularity University)다. 싱귤래리티(Singularity)는 '특이점'이라는 뜻이다. 이 대학 설립자들의 말에 의하면 싱귤래리티는 '인류의 모든 지능을 합한 것보다 더 높은 지능을 가진 인공지능이 출현하는 때'를 말한다. 싱귤래리티 대학교는 미국 서부의 실리콘 밸리에 있는 창업학교다. 이름은 대학교지만 학위는 주지 않는다. 10주짜리 양성 프로그램이기 때문이다. 미래학자 레이 커즈와일이 구글과 미항공우주국에서 후원 받아 2008년 미국 캘리포니아주 실리콘밸리에 세웠다. 젊은이들을 대상으로 한 이 대학의 교수진은 미래학, 인공지능, 로봇, 유전공학, 에너지, 나노기술, 우주공학 등 미래 사업 분야에서 가장 권위 있는 교수들로 구성되었다. 10주 동안 10개 과목을 수강하고, 사업체와 연계하여 연구하고 공부한다. 2019년 3월에는 덴마크 코펜하겐에 분교가 개설되었다.

이 땅에서 그리스도인의 직업은 주님의 일이고, 직업에 열정을 쏟는 것은 하나님의 뜻이다. 교회에서 교사, 성가대, 주방봉사, 차량 안내 그리고 예배 안내 등은 모두 주님의 일이다. 동시에 직장에서, 사업장에서, 가정에서 하는 일도 주님의 일이다. 자기 일에 열정을 쏟는 것은 그리스도인의 사명이다. 하지만 우리는 그 '무엇'이라는 직장(직업)에 머물면 안 된다. 성공이라는 무엇에 머물러서는 안 된다. 우리가 무엇을 넘어서서 '어떤 사람이 될 것이냐?'가 그리스도인들이 가져야 할 태도이다. 예수님께서 〈마태복음〉 5장 13절에서 말씀하신다.

> 너희는 세상의 소금이니 소금이 만일 그 맛을 잃으면 무엇으로 짜게 하리요 후에는 아무 쓸 데 없어 다만 밖에 버려져 사람에게 밟힐 뿐이니라.

여기에서 소금은 무엇이 아니라 그 역할을 말한다. 소금이 만일 맛을 잃어버리면 무엇으로 짜게 하겠느냐? 어떤 직업을 갖는 것이 중요한 것이 아니라 그 직업으로 '어떤 역할을 할 것인가?, 어떤 사람이 될 것인가?'가 중요하다.

고대 사회에서 소금은 굉장히 귀했다. 로마가 세계를 정복할 때, 군인들에게 소금으로 월급을 주었다. 월급은 영어 샐러리(salary)로 솔트(salt, 소금)에서 유래되었다.

예수님은 그리스도인들을 향해 "너희는 세상의 소금이다." 라고 하셨다. 이 말은 '무엇'이 될 것인가가 아니라 '어떤 사람'이 될 것인가를 이야기한다.

> 너희는 세상의 빛이라 산 위에 있는 동네가 숨겨지지 못할 것이요(마 5:14).

소금과 빛은 '역할'을 의미한다. 소금은 맛을 내는 역할을, 빛은 어둠을 밝히는 역할을 한다. 성경은 무엇을 하라고 말하지 않는다. 다만 '어떤 사람'이 될 것인가에 대해 분명히 말한다. "너희는 세상의 소금이고 빛이다."

'어떤 사람'으로 살고 있는가? 주님의 관심은 여기에 있다. 성경은 우리의 신분에 대해 이렇게 말한다. "너희는 세상의 소금이다. 너희는 세상의 빛이다." 생각해 보면 세상에 귀한 것들이 많다. "너희는 세상의 다이아몬드다. 너희는 세상의 순금이다."라고 말씀하시면 좋을 텐데, 왜 "너희는 세상의 소금이다. 너희는 세상의 빛이다."라고 말씀하셨을까? 여기에는 엄청난 의미가 있다. 다이아몬드나 금은 사치품이다. 사치품은 없어도 살지만 소금과 빛은 필수품이다. 이것이 없으면 생활이 되지 않는다. 예수 믿는 사람은 빛과 소금처럼 이 땅에 존재해야 한다. 예수 믿고 구원받은 사람들이 빛으로 소금으로 이 땅에 있기 때문에 이 땅에 어둠을 지연시키고 있는 것이다.

◆

가장 중요한
한 가지

내 어머니는 어려운 집안에 시집와서 시어머니를 모시면서 육 남매를 키우셨다. 나는 어릴 적에 넋두리하는 어머니의 모습을 많이 보았다. 너무 힘들고 답답할 때는 혼자서 많이 울기도 하셨다. 내가 대여섯 살 때, 어머니는 40대 중반밖에 되지 않았다. 어머니가 서럽게 우시면서 나를 쳐다보시고 넋두리하셨다. "내가 살아온 날을 책으로 쓰면 그 책이 천장에 닿을 만큼 될 거야." 쓰디쓴 넋두리였다. 어머니의 넋두리를 들을 때 '우리 엄마 마음에는 서러운 이야기들이 참 많구나.'라고 생각했다.

이 땅에 사는 사람 치고 서럽지 않은 사람이 있겠는가? 우리가 살아온 날들을 파노라마처럼 펼쳐놓으면 숱한 이야기가 나올 것이다. 우리는 그것을 '파란만장'하다고 표현한다. 지금까지의 삶을 펼쳐놓으면 이런저런 일이 많을 것이다. 그중에 정말 중요한 일이 무엇인가? 결혼, 대학 합격, 출산? 결혼하지 않는다고 큰 문제가 되지 않는다. 대학에 가지 않는다고 문제가 되지는 않는다. 그런데 내 삶의 파노라마 속에 없으면 안 되는 것이 하나 있다. 바로 예수를 믿고 구원받은 것이다.

예수 믿고 구원받지 않으면 우리 인생은 아무것도 아니다. 우리의 삶에 숱한 일이 있어도 구원받은 이야기가 없으면 아무것도 아닌 것이다.

미국에서 목회할 때, 그 지역에 한국 전쟁에 참전했던 노병들이 많이 살았다. 나는 그분들이 정말 고마워서 해마다 6월이 되면, 교회에 그분들을 초대해 파티를 열었다. 그분들에게 선물도 드리고 대접도 하면서 좋은 관계를 맺고 살았다. 연세가 많은 탓에 한 분 한 분 세상을 떠나셨다. 지금은 더 많이 떠났을 것이다.

어느 날 그중 한 분이 세상을 떠났다는 연락을 받았다. 장례식 날, 공원묘지에 조금 늦게 도착했다. 나이가 지긋한 노병들이 모자를 쓰고, 군복을 입고, 총을 들고 도열해 있었다. 양복을 입고 참석한 나에게 그 대열에 들어오라고 했다. 내가 낄 자리는 아니었지만 그분들 틈에 섰다. 땅속에 관을 내릴 때 예포를 쏘았다. 그리고 흙을 덮기 전에 목사님이 설교를 하고 〈시편〉

23장을 읽었다. 꽃다운 나이에 아무 관계없는 한국에 와서 자유를 위해 싸웠던 한 인생이 한세상을 살다가 땅에 묻혔다. 그때의 하늘은 무척 푸르렀다. 그분은 이 세상에 살면서 많은 일을 이루었지만, 인생 마지막에 하나님이 없다면 어떻게 되었을까? 하늘 문이 열리지 않는다면 그 파란만장한 일들이 아무것도 아니라는 생각이 들었다.

인생 끝 날에 예수 믿는 우리에게 푸르고 아름다운 하늘 문이 열릴 것이다. 예수를 믿는 것이 너무 중요하다. 삶의 끝자락에 우리에게 힘이 되는 것은 오직 한 가지밖에 없다. 예수가 '나의 구주'라는 사실이다.

우리는 예수 믿고 구원받고 소금과 빛이 되었다. 그런데 정말 중요한 것은 지금부터다. '어떤 사람으로 살 것인가? 세상에서 어떤 역할을 하며 살 것인가?'를 고민해야 한다. 변화는 평생의 과정이다.

예수 믿고 구원받은 후에 우리는 '어떻게 살 것인가?'를 고민해야 한다. 15절에서 구원받은 우리가 세상의 빛인데, 사람이 등불을 켜서 '말' 아래 두지 않는다고 했다. 옛날에는 곡식을 말과 되로 헤아렸다. 불을 켜서 말 아래 두면 집 안은 여전히 어둡다. 그래서 "불을 켜서 말 아래 두지 말고 등경 위에 두어야 한다."라고 말씀하신 것이다. 빛이 되는 것보다 빛의 역할이 훨씬 더 중요하다. "어떤 사람이 되고 싶은가?"는 예수님의 핵심 말씀이다.

> 이같이 너희 빛이 사람 앞에 비치게 하여 그들로 너
> 희 착한 행실을 보고 하늘에 계신 너희 아버지께 영
> 광을 돌리게 하라(마 5:16).

동화작가 권정생은 가난하고 소외된 것들에 대한 사랑을 아름답게 표현한 글을 많이 썼다. 그가 쓴 《몽실 언니》는 시대를 뛰어넘는 베스트셀러가 되었다. 요즘 아이들이나 젊은 사람들은 《강아지똥》의 작가로 더 많이 알고 있다. 초등학교를 겨우 나온 이분은 경북 안동시 일직면 일직교회의 종지기로 살면서 교회 뒤 언덕에 지은 작은 흙집에서 검소한 생활을 하며 동화를 썼다고 한다.

이분의 작품 중 《우리들의 하느님》이 있다. 권정생 작가는 이 책에서 자신의 삶을 이야기한다. 어느 날 도시로 나갔다가 집으로 돌아오는 완행열차에서 한 아주머니 옆에 앉게 되었다. 그 아주머니는 의성 어느 시골에 있는 교회의 집사였는데 열차 안에서 그분의 간증을 들었다.

어느 날 아주머니가 집에서 일하고 있는데 한 거지가 구걸하러 왔다. 아주머니는 거지에게 짜증 섞인 목소리로 "지금 바빠요. 다른 집에 가보세요." 하고 돌려보냈다. 거지는 슬픈 얼

굴을 하고 돌아섰다. 뒷모습을 보고 깜짝 놀랐다. 뒷모습이 예수님처럼 보였기 때문이다. 얼른 들어가서 쌀 한 바가지를 퍼서 쫓아갔는데 거지는 사라지고 없었다. 주변을 다 찾아다녔지만 찾지 못했다. 그리고 집으로 돌아와서 후회의 눈물을 흘렸다. '아이고, 예수님이 우리 집을 찾아왔는데 내가 문전 박대했구나.' 그때부터 아주머니는 누구를 만나도 예수님처럼 대했다.

이 아주머니는 하나님 말씀처럼 심령이 가난하고, 마음이 청결한 사람이다. 마음이 청결한 자가 복이 있고 하나님을 볼 것이다. 행복한 사람은 이런 사람이다.

어떤 사람이 되고 싶은가? 예수님 말씀을 가슴에 새기고 가난하든지, 부하든지 '무엇'이 될 것인가를 넘어서서 '어떤 사람이 될 것인가?'까지 나아가자. 이 세상에서 소금 같은, 빛 같은 사람이 되자. 연약한 사람들을 예수님처럼 섬기며 진정으로 행복한 사람이 되기를 예수님의 이름으로 축복한다.

내 인생 변화는
마음에서 시작된다

(빌 2:1-8)

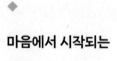

마음에서 시작되는
변화

경남 거제도에는 '바다 위의 식물 낙원'이라 불리는 외도 보타니아 정원이 있다. 지금은 거제도의 대표 명소지만 처음부터 그랬던 것은 아니다. 외도는 거제도의 다른 섬들에 비하면 이름조차 초라한 섬이었다. 50여 년 전 이창호라는 분이 낚시하러 외도에 들른 것이 인연이 되어, 그 땅을 사고 그의 아내와 함께 1969년부터 외도를 해상식물원으로 가꾸기 시작했다. 이 부부는 척박한 땅에 나무를 심고 꽃을 피웠다. 외도는 기후가 따뜻하고 물이 풍부해 종려나무, 야자나무, 선인장 같은 아열대 식물이 잘 자랐다. 첫 삽을 뜬 지 26년이 지난 1995년에 세상에 외도를 선보였다. 미운 오리 새끼가 백조가 된 것처럼 국내 최초 해상식물원인 외도 보타니아의 인기는 지금도 여전하다.

보타니아가 인기와 사랑받는 이유는 누군가 그 정원을 잘 돌보고 가꾸기 때문이다. 이 정원을 본 사람마다 '나도 저런 정원을 가져봤으면…' 하는 로망을 갖는다.

우리 마음도 정원과 같다. 잘 가꾸면 멋진 인생이 되고 많은 사람이 찾지만, 방치하면 잡초만 무성한 정원이 되어 사람들에게 외면받는다. 벌과 나비가 날아오는 아름다운 정원, 새들이 노래하는 정원을 가꾸려면 어떻게 해야 할까? 벌과 나비가 좋아하는 꽃을 기르고, 새들이 좋아하는 과일나무를 잘 가꾸면 저절로 행복이라는 새들이, 기쁨이라는 벌과 나비가 찾아오는 마음의 정원이 될 것이다.

사람들은 다른 사람에 대해, 세상의 변화에 대해 관심이 많은데, 정작 자신의 인생, 자신의 마음에는 무관심하다. 우리가 돌보고 가꾸어야 할 것은 우리 마음이다. 인생의 변화와 멋진 인생을 살기 위해서는 마음부터 바꿔야 한다.

인생의
페르소나

〈마스크〉라는 영화가 있다. 마스크는 우리말로 번역하면 '가면'이다. 이 영화에는 스탠리라는 평범한 은행원이 나온다. 그는 아주 소심한 사람이다. 다른 사람 앞에서 말도 잘 못한다. 어느 날 그는 우연한 기회로 고대 시대의 유물인 마스크를 발견한다. 그리고 '로키'라는 가면을 손에 넣는다. 그런데 이 가면은 아주 신비한 힘을 가지고 있다. 스탠리가 가면을 쓰면 초인적인 힘을 가진 불사신이 된다. 소심했던 그가 가면을 쓰는 순간, 굉장히 열정적인 사람이 된다. 부끄럼도 없어지고 힘도 세진다. 스탠리는 가면을 쓰고 자기를 놀리고 골탕 먹였던 사람들에게 복수한다. 좋아하는 여자에게 용기 내서 고백도 한다. 그에게 가면이 너무 중요해졌다.

영어로 사람을 'person'이라고 한다. person의 어원은 라틴어 persona이다. persona는 고대 그리스에서 배우들이 연극을 할 때 얼굴에 쓰는 가면이다. persona와 person은 한 글자 차이다. 마지막에 'a'가 붙으면 persona가 된다. 사람들은 나름대로 가면을 하나씩 쓰고 살아간다. '체'하는 가면, '신사' 같은 가면, '숙녀' 같은 가면을 하나씩 쓰고 살아간다. 왜 그럴까? 사회생활을 하면서 다양한 사람들과의 관계 속에서 살다 보니 자신의 모습을 감추고 상대방에게 맞는 가면을 쓰기 때문이다. 자신을 감추고 적당하게 어울려 살아가는 것이다.

〈빌립보서〉는 바울이 빌립보 교회에 보낸 편지다. 빌립보 교회는 열심이 있는 교회였다. 바울을 사랑하고 열심히 복음을 전하는 교회였지만 교인들끼리 자주 다투었다. 교회의 힘은 하나 되는 것에 있다. 큰 교회는 힘이 있고, 작은 교회는 힘이 없는 것이 아니다. 큰 교회나 작은 교회나 하나가 되어야 힘이 있다. 그러나 빌립보 교회 사람들은 자주 다투었다. 〈빌립보서〉 4장 2절을 보면 빌립보 교회가 어떤 교회인지 알 수 있다.

내가 유오디아를 권하고 순두게를 권하노니 주 안에서 같은 마음을 품으라.

유오디아와 순두게는 빌립보 교인으로 권사 정도 되는 여성 지도자였다. 바울은 "유오디아와 순두게를 권하고 권하노니 주 안에서 같은 마음을 품으라."고 권면하였다. 갈라서고 싸우지 말고 같은 마음을 품으라는 것이다. 바울이 '권하고 … 권하노니'라고 반복한 것은 이 두 사람이 굉장히 심하게 다투었기 때문이다. 우리는 유오디아와 순두게가 누구인지 모르지만, 그중 한 사람이 루디아가 아닐까 추측한다. 자주 장사 루디아 집에서 빌립보 교회가 시작되었기 때문이다. 루디아가 교회 안에서 자기 권한이 있다고 생각하고 다른 사람과 자주 싸웠을 것이다.

> 마음을 같이하여 같은 사랑을 가지고 뜻을 합하며 한마음을 품어 아무 일에든지 다툼이나 허영으로 하지 말고 오직 겸손한 마음으로 각각 자기보다 남을 낮게 여기고(빌 2:2-3).

'허영'은 자기의 지식이나 경제적 능력, 분수 등에 어울리지 않게 행동하는 것이다. 우리는 헛바람이라는 가면을 하나씩 쓰고 있다. 자기도 못난 사람이고 죄인인데 자기 '옳음'이라는 가면을 쓰고 다른 사람을 공격하는 것이다. '너 그러면 안 돼!', '김 집사 그러면 안 돼.' 하는 것이다.

정신과 의사 김상준이 쓴 《영화와 신화로 읽는 심리학》이라는 책이 있다. 이 책은 우리 마음속 원형을 고스란히 담고 있는 신화와 그 신화를 차용하고 있는 영화를 통해 우리 삶을 조망해 보고 우리 모두 겪게 되는 통과의례인 생로병사를 깊이 있게 고찰하고 있다. 영화와 신화를 잘 엮어서 '사람의 모습이 이런 모습이다.'를 이야기한다.

책에는 젊은 여성 환자에 대한 내용이 나온다. 이 환자의 몸은 정상이지만, 마음은 늘 나른하고 두꺼운 갑옷을 입은 것처럼 답답하고 무겁다. 밥맛도 없고 쉽게 지친다. 이 병원, 저 병원에 다니면서 아무리 검사를 해도 병명을 알 수가 없었다. 답답한 마음에 정신과 의사를 찾아갔다.

여성의 어머니는 젊어서 남편을 잃고 혼자서 어린 딸을 애지중지하게 길렀다. 어머니는 어린 딸에게 살아가는 이유를 늘 말했다. "나는 너 때문에 산다. 네가 아니었으면 벌써 죽었어."

어머니는 사글셋방에서 어렵게 살면서 남의 집 청소와 가사도우미 일을 하면서도 딸을 사립 명문 초등학교에 보냈다. 등록금이 큰 부담이었지만 딸이 어머니의 삶의 이유였기 때문에 그렇게 했다.

딸은 사립 명문 초등학교에서 가장 가난한 학생이었다. 남루한 옷차림에서 늘 가난한 표가 났다. 친구들은 "네 몸에서 냄새 나, 저리 가."라고 하면서 함께 놀지 않았다. 선생님조차 "너는 등록금 내기도 힘들 텐데, 일반 학교로 전학 가는 것이 어떻겠니?"라고 했다. 딸이 너무 괴로워서 "엄마, 나 일반 학교로 전학시켜 줘. 일반 학교로 갈래."라고 하면 엄마는 펄쩍 뛰며 안 된다고 했다. "너 아니었으면 나는 벌써 죽었어. 나는 너 때문에 산다. 아무 소리 말고 학교 다녀." 딸은 전학 가고 싶었지만, 엄마를 위해서 사립 명문 초등학교에 다닐 수밖에 없었다. 세월이 흘러 중학교, 고등학교를 졸업하고 명문대학에 들어갔다. 그러나 기쁘지 않았다. 두꺼운 갑옷을 입은 것처럼 마음은 늘 답답했다.

　대학을 졸업하고 취직해서 돈도 벌었다. 그 또래의 여성들은 예쁜 옷도 사고, 맛있는 것도 먹고, 삶을 즐기며 사는데 그녀는 시계추처럼 직장과 집만 왔다 갔다 하였다. 모든 결정권이 엄마에게 있고, 모든 생활을 엄마에게 맞추며 살았다. 엄마 입장에서는 너무 좋았을 것이다. 하지만 딸은 너무 힘들고 괴로웠다. 그래서 자기 인생을 살아보려고 엄마에게 이야기하면, "나는 너 아니었으면 벌써 죽었어. 나는 너 때문에 사는데…"라고 하니, 엄마의 착한 딸이라는 가면을 쓸 수밖에 없었다. 그러면서 자신의 인생이 아니라 엄마가 원하는 인생을 살아갔다.

　남의 인생을 살 때 행복할 수 없다. 다른 사람의 가면을 쓰고 살면 진정한 기쁨이 없다. 일상을 살아갈 때는 나름의 가면을 쓰지만, 하나님의 집에 올 때는 모든 것을 벗고 '내 모습 이대로' 아버지의 품으로 나와야 한다. 하나님 아버지는 우리를 품어주시고 은혜를 베풀어 주신다. 집 떠난 탕자는 모든 걸 잃고 아버지의 집으로 돌아왔다. 아버지는 아들을 끌어안고 입맞추고, 옷을 갈아입히고, 가락지를 끼워주고, 신발을 신겨 주고 잔치를 베풀어 주었다. 우리는 교회에 나올 때, 주님 앞에 나올 때 세상의 옷과 가면을 벗어야 한다.

　영화 〈마스크〉 마지막 장면에서 스탠리는 가면을 강물에 던져버린다. 인생의 변화는 무엇인가? 가면을 벗어던지는 것이다. 다른 인생을 살아왔던 가면, '체'하고, 신사 같고, 숙녀 같은 가면을 벗어버리는 것이다. 두꺼운 가면이 점점 얇아질 때 비로소 변화가 시작되는 것이다.

사람은 언제 변할까? 첫 번째는 고난이 올 때다. 고집 세고 꼬장꼬장한 사람도 환난과 고난이 오면 변하기 마련이다. 중병이 들었거나, 가정에 큰 시험이 있거나, 직장이나 사업체에 큰 어려움이 오면 몇 날 밤을 지새우면서 가슴이 깨어지고, 혼이 벗겨지고 부서지면서 변하는 것이다. 〈시편〉에서 "고난당하는 것이 내게 유익이라."라고 했다. 고난이 사람을 변하게 하기 때문이다.

두 번째는 새로운 정보가 들어올 때다. 담배를 끊지 못하던 사람에게 의사가 "담배 끊지 않으면 당신 죽습니다."라는 새로운 정보, 강한 정보가 들어가면 끊기 싫어도 끊게 된다. 새로운 정보가 들어오면 사람은 변한다.

세 번째는 하나님 말씀이 우리 속에 들어올 때다. 가장 좋은 변화는 하나님 말씀을 듣고 바뀌는 것이다. 주님이 말씀하실 때 받아들여서 자신을 바꾸는 것이다. 하나님 말씀을 듣고 여러분의 인생을 바꾸기를 축복한다.

하나님은 우리를 가장 사랑하는 분이고, 우리가 변화되기를 간절히 원하신다. 복 받는 그릇으로 변화되기 원하시는 하나님 말씀을 듣고 변화되기 바란다. 오늘이 기회의 날이다.

꼰대 VS
어른

바울은 자주 싸우는 빌립보 교회에 다투지 말라고 권면한다. 사탄이 가장 좋아하는 것은 교회가 자꾸 다투는 것이다. 왜 다툼이 일어날까? 각자의 고집 때문이다. 고집은 좋은 것이 아니다. 고집은 나이 들어가면서 더 강해진다. 왜냐하면 경험이 쌓이기 때문이다. 인생의 경험으로 자기가 옳은 줄 아는 것이다.

우리는 나이가 들면서 고집이 생기지 않도록 노력해야 한다. 나이 들어 고집 센 사람들을 '꼰대'라고 부른다. 꼰대는 좋은 말이 아니다. 나는 꼰대가 되지 않기 위해 애쓰고 있다.

우리는 꼰대가 되지 말고 어른이 되어야 한다. 어른은 마음이 넓고 다 받아주는 사람이다. 반면에 꼰대는 마음이 좁은 사람이다. "이것도 안 되고, 저것도 안 된다."라고 하는 사람이 꼰대다. "라떼는 말이야"라면서 자기 시절을 이야기하고 고집을 부리는 사람이 꼰대다. 이 고집 때문에 빌립보 교회가 싸우는 것이다. 그래서 다투지 말라는 것이다.

어느 책에 '어느 교회 제직회 실황 중계'라는 글이 있었다.

어느 교회에서 추수감사절을 앞두고 제직회로 모였다. 처음 제직회에 들어온 신임 집사가 발언한다. "목사님, 이번 추수감사절에는 떡을 해서 우리도 먹고 이웃들에게도 돌립시다." 김 장로가 손을 들고 말했다. "목사님, 좋은 생각입니다. 떡을 해서 돌리면 참 좋겠습니다." 그러자 이 장로가 "목사님, 요즘 누가 떡을 먹습니까? 먹을 것도 많은데 만들지 맙시다."라고 하는 것이다. 조 장로가 한마디 한다. "그래도 추수감사절은 교회 명절인데, 떡을 해서 이왕이면 경로당에 가져다주면 좋잖아요. 떡 합시다." 박 장로가 말한다. "다 좋은 말씀인데, 다투면서까지 할 필요가 있을까요? 하지 맙시다." 그러자 최 장로가 말한다. "요즘 가뜩이나 교회가 인색하다고들 하는 데 하는 것이 좋겠습니다. 합시다." 김 집사는 합시다, 이 집사는 하지 맙시다, 조 집사는 만들지 맙시다. 5시간 동안 제직회가 계속되었다.

드디어 5시간 만에 하는 것으로 결정이 났다. 그러자 목사님이 "여러분, 떡을 하기로 결정했습니다. 그러면 무슨 떡을 할지 말씀해 보세요." 김 장로가 손을 들고 "목사님, 백설기로 합시다." 그러자 이 장로가 "누가 백설기 먹습니까? 인절미로 합시다." 그러자 박 장로가 "교회에서 무슨 인절미입니까? 팔 시루떡으로 합시다." 옆에 있던 최 장로가 "무슨 팔 시루떡입니까? 송편으로 합시다." 모든 떡 이름이 다 나왔다. 떡을 결정하는 데 2시간이 걸렸고, 7시간의 회의 끝에 추수감사절에 백설기를 만들기로 했다.

나는 예배에 들어오기 전에 거울 앞에서 넥타이를 바르게 맨다. 외모는 거울을 보면 알 수 있는데, 나의 인간 됨됨이는 무엇을 보아야 알 수 있을까?

외모를 보려면 거울을 보고, 자신의 인성을 알려면 사람들 속에 있으면 된다. 사람이 거울이다. 혼자 있으면 괜찮은 사람인데, 사람들과 교제하다 보면 나의 약한 점이 드러난다. 자신을 알고 싶으면 목장 모임에 가면 된다. 그곳에서 깎이면서 배우고 바뀌게 된다. 빌립보 교회가 오죽했으면 사도 바울이 이런 말을 했겠는가?

아무 일에든지 다툼이나 허영으로 하지 말고 오직 겸손한 마음으로 각각 자기보다 남을 낫게 여기고 (빌 2:3).

사람 속에 있으면 약점이 드러나고, 하나님 앞에 엎드리면 변화가 시작된다. 고집은 하나님의 축복을 가로막는 마음의 장애물이다. 고집은 백해무익하다. 고집쟁이도, 꼰대도 되지 말고 어른이 되자. 한없이 마음이 넓은 어른이 되면 좋겠다.

우리에게 변화가 필요하다는 것과 인간관계를 통해 내 인성 수준도 알게 되었다. 그러면 어떻게 변화되어야 할까? 우리 변화의 목표는 무엇일까?

성형외과 의사 맥스웰 몰츠는 1940~50년대에 《새로운 얼굴, 새로운 미래》라는 책을 썼다. 그는 '새로운 얼굴로 고쳐주면(New Face), 미래가 새로워진다(New Future)'고 믿었다. 수술로 외모를 고쳐주면 외모뿐 아니라 인생이 바뀐다는 것이다. 그런데 얼굴을 바꿔주니 자신감을 가지고 멋지게 살았지만, 얼마쯤 지나자 다시 옛날 모습으로 돌아갔다. 그래서 맥스웰은 고민하기 시작했다. '옛날 모습으로 돌아가는 이유가 뭘까?' 얼굴은 바뀌었는데 마음에는 여전히 흉터가 남아 있었다. 얼굴을 성형할 것이 아니라 마음을 성형해야 한다는 사실을 알게 되었다. 그래서 《사이코, 사이버네틱스》라는 책을 썼다. 사이코-사이버네틱스(Psycho-Cybernetics)는 정신적인 자동유도장치라는 의미로, 맥스웰 몰츠 박사가 만든 단어이다. 1960년 출판한 이 책은 전 세계에 3천만 부가 판매된 베스트셀러이다. 인간의 뇌는 미사일의 자동유도장치와 같아서, 자신이 목표를 정해 주면, 그 목표를 향해 자동으로 유도해 나간다는 개념이다. 따라서 상상력으로써, 자신의 잠재의식에 실패를 입력하면 안 되고, 성공을 입력해 주어야 한다고 강조한다. 하나의 주장을 계속 주입하면, 실제로 그렇게 알고 행동한다고 주장한다. "나는 멋지다."고 하면 정말 멋지게 되고, "나는 못생겼다."고 하면 정말 못생겼다고 행동, 반응하게 된다고 한다.

맥스웰 몰츠 박사는 성형수술이 단순히 외모만 바꾸는 것이 아니라 성격에도 영향을 미친다는 점을 주목하여 새로운 이론을 내놓았다. "마음을 바꾸면 인생이 바뀐다." 수많은 자기계발서 이론이 그의 이론에서 나왔다. 그런데 맥스웰 몰츠 박사의 이론은 이미 성경에 나와 있다. 〈로마서〉 12장 2절이다.

> 너희는 이 세대를 본받지 말고 오직 마음을 새롭게
> 함으로 변화를 받아 하나님의 선하시고 기뻐하시고
> 온전하신 뜻이 무엇인지 분별하도록 하라.

하나님의 선하시고 기뻐하시고 온전하신 뜻을 어떻게 분별할 수 있을까? 오직 마음을 새롭게 함으로 변화를 받아야 분별할 수 있다. "너희는 이 세대를 본받지 말고 세상의 가면을 벗으라."라고 하신다. 세상 사람들이 좋아하는 캐릭터인 척하지 말라는 것이다. 가면을 쓰지 말라는 것이다. 이 세대를 본받지 말고, 오직 마음을 새롭게 함으로 변화를 받으라고 한다. 우리의 변화는 어떻게 시작되는가? 마음에서 시작된다. 그래야 주님의 온전한 뜻을 따를 수 있다. 그러면 마음을 새롭게 함으로 시작되는 변화는 어느 방향으로 가야 할까? 누구를 닮아가야 할까? 〈빌립보서〉 2장 5절에서 분명하게 말한다.

> 너희 안에 이 마음을 품으라 곧 그리스도 예수의 마음이니.

우리 안에 예수의 마음을 품고 그리스도 예수를 닮아가야 한다. 우리 변화의 목표는 예수님을 닮아가는 것이다. 예수님의 삶이 변화의 목표이다. 예수님을 닮은 것이 가장 완전한 인생이다. 가장 멋진 인생은 예수님을 닮아가는 것이다. 〈마태복음〉 11장 29절에 예수님이 친히 말씀하셨다.

> 나는 마음이 온유하고 겸손하니 나의 멍에를 메고
> 내게 배우라 그리하면 너희 마음이 쉼을 얻으리니.

예수님은 마음이 온유하고 겸손하시다. 그분의 멍에를 메고 배우면 우리 마음이 쉼을 얻게 된다. 이 말씀은 생각할수록 깊은 묘미가 있다. 근심과 걱정이 많은 우리가 온유하고 겸손한 예수님께 배우면 한없이 평안한 마음의 쉼을 얻을 수 있다.

예수님
닮아가기

한국의 슈바이처라고 불리는 장기려 박사의 별명은 '바보 의사'다. 1995년 12월, 86세를 일기로 세상을 떠날 때까지 부산 복음병원 원장으로 지냈다. 이분은 한국의 슈바이처답게 가난한 사람들이 찾아오면 무료로 치료해 주었고, 자신의 월급으로 치료비를 대납해 주었다. 지금은 의료보험이 있어서 누구나 병원에 갈 수 있지만, 당시에는 가난하면 병원을 이용하기가 힘들었다. 장기려 박사가 가난한 사람들을 성심껏 치료해 주자 전국에서 수많은 환자가 찾아왔다. 이런 일이 계속되다 보니 늘 장기려 박사의 월급은 모자랐다. 계속 이렇게 하면 병원 운영이 안 될 것 같았다. 그래서 직원들은 원장 임의로 환자를 퇴원시키지 못하도록 결의했다. 그러자 장기려 박사는 가난한 환자를 밤에 조용히 찾아가서 "오늘 저녁에 뒷문을 열어 둘 테니 도망가세요."라고 했다. 그래서 욕심 없는 장기려 박사에게 '바보 의사'라는 별명이 생긴 것이다. 세상의 눈으로 보면 그는 바보다. 기독교에서만 이분을 존경하는 것이 아니라, 다른 종교에서도 이분의 말을 인용하며 훌륭한 분으로 소개하였다. 불교닷컴에서 이분을 훌륭한 분으로 소개한 것을 본 적이 있다. 그리고 장기려 박사의 말을 인용을 했다. "바보라는 말을 들으면 그 삶은 성공한 삶입니다."

그는 유명한 외과 의사지만 바보처럼 살았다. 그가 믿는 예수님은 어떤 분이었을까? 오늘 말씀을 보니 예수님은 하나님과 동등한 분이시다. 그러나 바보처럼 인간이 되고, 바보처럼 십자가에서 죽으셨다. 모든 사람이 바보라고 했지만, 하나님이신 예수님이 바보처럼 살다가 죽으셨기 때문에 멋진 인생을 산 것이다. 장기려 박사도 바보는 아니지만 예수님을 닮아서 바보처럼 살았다. 온유하고 겸손한 예수를 닮아가며 살 때 우리는 진정한 행복을 맛볼 것이다.

온유하고 겸손하신 예수님을 닮으면 우리 마음이 쉼을 얻고, 기쁨을 누리고 복을 누릴 수 있다. 예수님을 닮아가는 것이 변화 목표다.

예수님을 믿으면 구원을 받는다. 구원은 순간이다. 예수님을 구주로 믿는 순간에 우리의 신분은 하나님의 자녀가 된다. 이것이 구원이다. 구원은 순간이지만, 변화는 과정으로 긴 여정이다. 어느 날 한 번에 확 변하는 것이 아니라, 조금씩 조금씩 예수님의 온유한 마음을 배워가는 것이다.

나는 젊었을 때부터 늘 이런 기도를 했다. '주님 마음을 제게 주소서.' 그런데 내가 봐도 나는 좀 그렇다. 하지만 조금씩 조금씩 변화되었다. 구원은 순간이지만 변화는 과정이고 여정이었다.

어떻게 변화되는가? 예수님은 "너희 안에 이 마음을 품으라."고 말씀하신다. 그리스도 예수의 마음을 품으라는 것이다. 세상의 가면을 쓰고 사는 것이 아니라, 가면을 벗고 우리 마음에 예수님의 마음을 품는 것이다. 주님의 마음은 어떤 마음일까? 예수님이 친히 하신 말씀이 〈마태복음〉 11장 29절에 있다. "나는 마음이 온유하고 겸손하니." 예수님의 마음은 온유하고 겸손하시다. 그리고 "나의 멍에를 메고 내게 배우라."고 하신다. "이 마음을 품으라."고 하시고, 〈마태복음〉 11장 29절에서는 "내게 배우라."고 하신다. 배운다는 것, 즉 학습의 원리는 반복이다. 학습의 가장 기본 원리는 반복이다. "내게 배우라."는 연습하라는 것이다. 예수님의 온유하고 겸손한 마음을 가슴에 품고 주님 닮아가기를 연습하다 보면, 어느 날 나도 모르게 예수님 마음처럼 될 것이다. 온유하고 겸손하신 예수님을 닮아 있을 것이다.

하나님이신 예수님은 이 땅에 오셨고, 사람의 몸을 입고 십자가에 죽으셨다.

> 사람의 모양으로 나타나사 자기를 낮추시고 죽기까지 복종하셨으니 곧 십자가에 죽으심이라(빌 2:8).

〈갈라디아서〉 2장 20절에 사도 바울은 이렇게 고백한다.

> 내가 그리스도와 함께 십자가에 못 박혔나니 그런즉
> 이제는 내가 사는 것이 아니요 오직 내 안에 그리스
> 도께서 사시는 것이라 이제 내가 육체 가운데 사는
> 것은 나를 사랑하사 나를 위하여 자기 자신을 버리
> 신 하나님의 아들을 믿는 믿음 안에서 사는 것이라.

바울은 세상 모든 허물의 가면을 벗고, 이제 그리스도와 함께 십자가에 못 박히고, 옛사람을 다 버리고 예수님 안에서 죽었다고 고백한다. 우리도 이런 삶을 통하여 주님을 닮아가는 변화의 과정에 있다.

마음을 새롭게 하는 것이 변화의 시작이다. 마음을 새롭게 하는 것은 자기 자신이 아니면 할 수 없다. 누가 우리의 마음을 바꿀 수 있겠는가? 우리가 아니면 누가 우리의 마음을 바꾸겠는가? 그래서 "마음을 새롭게 함으로 변화를 받으라."고 말씀하신다. 진정으로 복 받은 사람은 예수님을 닮은 사람이다. 복 있는 사람은 온유하고 겸손하신 예수님을 닮은 사람이다. 〈마태복음〉 5장 5절에서 예수님은 이렇게 말씀하신다.

> 온유한 자는 복이 있나니 그들이 땅을 기업으로 받

을 것임이요

　강한 사람이 세상을 차지하는 것이 아니라, 온유한 사람이
세상을 차지한다. 온 세상을 다 가진 것처럼 여유로운 복을 누
리는 사람이 누구일까? 바로 예수님을 닮은 온유한 사람이다.
나는 여러분이 온 세상의 주인인 것처럼, 온유하고 겸손하신
예수님 닮기를 축복한다. 우리 주님은 오늘도 우리에게 변화를
원하신다. 인생의 변화는 마음에서부터 시작된다는 것을 기억
하기 바란다.

우리는 사소한 것에
목숨을 건다

(아 2:16, 약 3:1-6)

사소한 것에
목숨 걸지 마라

우리는 살면서 너무 사소한 일에 매여서 중요한 일을 하지 못하는 경우가 많다. 우리는 사소한 것에 목숨을 건다.

우리 자신을 가만히 보면 아무것도 아닌 일에 인생을 걸 때가 많다. 그러다가 정말 중요한 것을 놓치기도 한다. 우리 가슴에 뜨거운 열정이 있던 때가 있다. 어떤 것도 문제가 되지 않는,

단점까지도 좋아 보이는 그런 열정 말이다. 그 열정으로 사랑에 눈이 멀어 결혼도 하는 것 같다. 그런데 1~2년이 지나면 어느새 상대방에 대한 열정이 사그라지고 약점이 서서히 보이기 시작한다. 우리는 이때를 "콩깍지가 벗겨진다."거나 "권태기가 왔다."라고 말한다. 이때가 굉장히 위험하다. 이 시기를 잘 버티면 성숙한 부부가 되고, 성숙의 단계로 나갈 수 있지만, 잘못하면 불화로 이혼하기도 한다.

비단 남녀 관계와 가정만 그런 것은 아니다. 삶의 여정 속에서 늘 열정이 사그라지는 일이 일어난다. 회사생활에서도 신앙생활에서도 반드시 흔들리는 때가 온다. 매너리즘에 빠질 때가 온다. 처음에는 모든 것이 좋다. 그러나 시간이 지나면서 안 좋은 모습이 보이기 시작한다. 이때 자신의 마음을 잘 관리하지 못하면 나락으로 떨어지지만 잘 관리하면 성숙으로 나아갈 수 있다. 좋은 것과 귀한 것은 세우기 어렵지만, 그것이 무너지는 것은 한순간이다.

돈을 벌고 성공하기 위해서는 많은 시간과 노력이 필요하다. 그런데 무너지는 것은 한순간이다. 가정도 그렇다. 행복한 가정을 가꾸는 일에는 많은 수고와 노력과 시간이 필요하지만, 깨어지는 것은 순간이다.

가정은 이 세상에서 가장 안전한 휴식처이다. 또한 인생의 기본기를 배우는 학교이기도 하다. 지친 몸과 마음을 휴식할 수 있는 곳이 가정이다. 그 어떤 것도 허물이 되지 않고 가장 중요한 인생의 기본기를 가정에서 배운다. 가정에서 태어나고 자라면서 삶을 배우고, 행복을 누리도록 하나님께서 가정을 만드셨다. 〈아가〉 2장 15절에 중요한 말씀이 있다.

> 우리를 위하여 여우 곧 포도원을 허는 작은 여우를
> 잡으라 우리의 포도원에 꽃이 피었음이라.

이 말씀에서 '우리의 포도원'은 솔로몬과 술람미 여인의 가정이다. 사랑으로 영글어진 아름다운 가정에 꽃이 피는 때에 작은 여우가 들어왔다. 작은 여우는 포도원에 들어와 포도원을 망가트린다.

이 포도원은 우리 가정과 같다. 가정을 잘 지키기 위해 애쓰지 않으면 작은 여우가 들어와서 파괴한다. 인생의 문제는 큰일에서 발생하는 것이 아니다. 작은 여우 같은 사소한 일이 큰 문제가 되어서 어려움을 겪는 것이다. 그래서 사소한 것에 목숨 걸면 안 된다.

그리스 신화에 아주 힘이 센 헤라클레스가 나온다. 어느 날 헤라클레스가 길을 가는데 주먹만 한 존재가 길을 막았다. 헤라클레스가 "저놈이 내가 누군지 모르는구나." 하며 발로 뻥 찼다. 그러자 주먹만 한 것이 갑자기 수박만 해졌다. "이놈 봐라, 천하에 헤라클레스를 어떻게 보고!" 다시 발로 차자 바위만 해졌다. 바위만 한 것을 내리치자 여러 곳으로 흩어지면서 큰 산이 되어 앞을 막아버렸다. 이제는 어쩌지도 못하게 되었다. 그때 아름다운 아테나 여신이 나타나 미소를 지으며 노래를 불렀다. 그러자 큰 산이 점점 작아지는 것이다. 계속 노래를 부르며 미소를 보내자 나중에는 사과만 해져서 톡 떨어졌다.

아테나가 헤라클레스에게 말했다. "가만두세요. 건드리지 마세요. 저것은 당신 마음에 있는 분노와도 같습니다. 당신 마음에 있는 분노는 건드릴수록 점점 더 커집니다."

삶의 여정 속에서 우리는 작고 사소한 일들을 많이 만나게 된다. 그런데 그것을 잘못 대하면 큰 문제가 되기도 하고, 잘 대하면 아무 문제도 되지 않는다. 사람들은 사소한 것에 목숨을 걸다가 인생을 망치기도 한다. 정말 중요한 것에는 마음 쓰지 않는 경우가 많다. 〈야고보서〉 3장 5절을 보자.

> 이와 같이 혀도 작은 지체로되 큰 것을 자랑하도다 보라 얼마나 작은 불이 얼마나 많은 나무를 태우는 가.

우리 몸에서 혀는 아주 작은 것이다. 작은 불씨가 온 산을 태우듯이 우리 몸에 있는 작은 혀는 우리 인생을 불태울 수 있다. 《쉬운 성경》에는 이렇게 표현되어 있다.

> 혀도 마찬가지입니다. 몸 가운데 지극히 작은 부분
> 이지만, 큰 일을 행함으로 자랑합니다. 큰 산불도 아
> 주 조그만 불씨에서 시작하지 않습니까?
>
> (약 3:5, 쉬운 성경)

우리 입에서 나오는 아주 사소한 말이 내 삶을 파괴할 수도,
세울 수도 있으니 혀를 잘 사용해야 한다.

◆

혀는
불의 세계다

하루는 저녁을 먹고 아내와 산책을 나갔다. 그날 저녁은 쌀
쌀해서 두꺼운 운동복을 입었다. 마스크를 쓰고 아내와 얘기하
면서 걸었다. 어느 정도 걷자 얼굴과 등에서 땀이 났다. 그래서
지퍼를 조금 내렸는데 속옷이 보였다.

"여보, 지퍼 올려요. 속옷이 보이잖아요."

"좀 보이면 어때."

"당신은 하남교회 얼굴이잖아요."

틀린 말은 아니지만 지퍼를 내린 것이 지적받을 일인가? 아무것도 아니다. 순간 마음이 상했다. '내 인생은 어디 있나' 하는 생각까지 들었다. "땀이 나서 그러는데 나는 지퍼도 마음대로 못 내려?" 하고 몇 마디를 더하면 전쟁이 붙을 거 같았다. 그래서 아내 먼저 들어가라고 하고 지퍼를 끝까지 내려버렸다. 혼자 의자에 한참을 앉아 있다 들어왔다.

화장실에서 앉아서 소변을 보든, 서서 보든, 양말을 뒤집어 벗든, 치약을 위에서 짜든 우리 가정은 더 이상 생활습관으로 다투지 않는다. 아내의 말이 옳고 문제 될 것이 전혀 없다. 그런데 기분이 상하면 그때부터는 문제가 된다. 한국 사람은 감정에 민감하다. 기분이 나쁘면 어떤 말도 귀에 들어오지 않고 아무리 좋은 아이디어를 내도 시큰둥해한다. 교회를 오다가 싸우면 예배 드리지 않겠다고 하고, 더 심하게 싸우면 천국도 안 간다고 해버린다. 감정이 상하면 판단력이 없어지는 것이다. 이것이 인간의 본성이다. 처음에는 사소한 일로 말다툼을 했는데 시간이 지나면서 온갖 과거일까지 소환되어 가정 안에 3차 대전이 일어난다.

혀는 곧 불이요 불의의 세계라 혀는 우리 지체 중에
서 온몸을 더럽히고 삶의 수레바퀴를 불사르나니 그

사르는 것이 지옥 불에서 나느니라(약 3:6).

혀는 불의 세계이다. 혀는 아주 작지만 불의 세계라 온몸을 더럽히고 삶의 수레바퀴를 불사른다. 감정이 섞여서 말하다 보면 그때부터 옳은 것도 그른 것도 없어진다. 그냥 감정이 폭발하는 것이다. 마음이 상해서 기분이 나쁠 때 사소한 것을 건드리면 난리가 난다. 이럴 때 어떻게 하면 좋을까? 2절에 이런 말이 나온다.

우리가 다 실수가 많으니 만일 말에 실수가 없는 자라면 곧 온전한 사람이라 능히 온몸도 굴레 씌우리라(약 3:2).

말실수를 안 하려면 어떻게 해야 할까?

우리가 말들의 입에 재갈 물리는 것은 우리에게 순종하게 하려고 그 온몸을 제어하는 것이라(약 3:3).

기분이 상했을 때, 감정이 상했을 때는 침묵하자. 감정이 상했을 때는 입에 재갈을 물려야 한다. 감정이 상했을 때 하는 모든 말은 후회로 남고, 상대를 찌르고 아프게 한다. 나중에는 자기 자신까지 다치게 한다. 감정은 어이없는 결과를 만든다. 전문가들은 감정을 '바람 부는 날 하늘의 구름 같은 것'이라고 표현한다. 바람 부는 날 떠가는 구름은 금방 사라진다. 감정은 그런 것이다. 조금만 지나면 아무것도 아니다. 화가 날 때는 감정이 지나갈 때까지 조금만 기다리고, 우리 입에 재갈을 물리면 된다. 그런데 그게 어렵다.

운전할 때 옆에 앉은 아내가 옳은 말을 하면 감정이 상할 때가 있다. 감정은 화가 나는 방향으로 계속 몰아가는 속성이 있다. 화가 날 때, 사용할 만한 좋은 팁이 있다. 바로 생각의 물줄기를 바꾸는 것이다. 나는 라디오를 켜서 생각의 물줄기를 바꾼다. 처음에는 귀에 들어오지 않지만, 의도적으로 귀 기울이다 보면 내 생각과 감정이 라디오에서 흘러나오는 음악에 가있다. 뾰로통한 입에서 어느새 노래가 나오고 나도 모르게 흥얼거리게 된다.

생의 바퀴를 불사르는 지옥에서 사소한 말 때문에 많은 가정이 힘들어하고, 부부가 갈라서고 깊은 상처를 받는다. 따지고 보면 아무것도 아닌 일 때문이다. 양말 벗는 것, 지퍼 올리는 것, 치약 짜는 것 등 아무것도 아닌 일로 서로의 감정을 상하게 하고 아파한다. 얼마나 어리석은가?

중요한 일에
목숨 걸어라

우리는 사소한 것에 목숨을 걸어서도 안 되고, 중요한 것을 사소하게 취급해서도 안 된다. 사소한 것과 중요한 것을 구별할 줄 알아야 한다. 어떻게 구별할까? 여러분이 중요하다고 생각하는 것들이 의외로 사소한 것일 수 있다. 그런데 그 사소한 것 때문에 악을 쓰고 인생의 바퀴를 불사른다. 정말 중요한 것에 목숨을 걸어야 한다.

어느 부인의 몸에 암이 생겼다. 무거운 마음으로 의사를 찾아갔다. 의사는 부인에게 말했다. "부인, 암 때문에 많이 힘들죠? 힘든 거 말고, 암에 걸려서 좋은 점들을 노트에 적어 보세요." 이 말을 들은 부인은 기가 막혔다. 우울하고 힘들었지만, 의사의 말을 듣고 지키기 위해 곰곰이 생각하며 좋은 점 7가지를 적어 보았다.

1. 분열된 가족들의 마음이 하나가 되어서 감사하다.
2. 그동안 몸을 돌보지 않고 바쁘게 살았는데 돌보는 시간을 갖게 되어서 감사하다.
3. 우선순위 두는 법을 알게 되어서 감사하다.

4. 인생에서 중요한 것이 무엇인지 알게 되어서 감사
하다.

5. 과거에 한 번도 해보지 못한 말을 하게 되어서 감
사하다.

6. 아무짝에도 쓸모없는 것들을 재고 따지느라 인생
을 낭비했는데 그것이 너무 후회스럽고 생각나서
감사하다.

7. 무엇보다 나 자신이 얼마나 소중한 사람인지 알게
되어서 감사하다.

우리 앞에 죽음의 그림자가 어른거리기 시작하면 살아온 날
들을 돌아보게 된다. 내가 그때 왜 그랬을까? 아무것도 아닌 일
에 왜 전전긍긍했을까? 부질없는 것에 왜 인생을 낭비했을까?
왜 그런 것에 연연했을까? 부끄럽고 후회스럽다.

'죽음의 심리학'은 사람이 한세상을 살다가 죽음이 다가올
때, 삶이 얼마 남지 않음을 느끼고 후회하는 인간의 심리이다.
살아온 날을 반추할 때 후회하는 일들을 들어보면, 돈을 못 벌
었다고 후회하는 사람 없고, 출세 못 했다고 후회하는 사람 없
고, 높은 지위에 못 올라갔다고 후회하는 사람도 없다. 모든 사
람이 한결같이 후회하는 공통점이 있다. 사랑해야 할 사람을
더 많이 사랑하지 못한 것이다. '하나님, 한 번만 기회를 주세

요. 한 번만 기회를 주시면 더 많이 사랑하고 아끼며 살겠습니다.' 죽음이 다가오면 평소 사소하게 여긴 것들이 얼마나 중요한지 알게 되는 것이다.

사소한 것과 중요한 것은 간단하게 구별할 수 있다. 죽음이 다가올 때 후회할 것들은 다 중요한 것이다. 우리가 진정으로 해야 할 일은 사소한 것에 목숨 걸지 않는 것이다. 사소한 일에 목숨 걸지 말고 정말 중요한 일에 목숨을 걸어야 한다. 이에 대해 성경이 분명하게 말하고 있다.

> 예수께서 이르시되 네 마음을 다하고 목숨을 다하고 뜻을 다하여 주 너의 하나님을 사랑하라 하셨으니
>
> (마 22:37).

목숨을 다해서 할 일이 바로 하나님을 사랑하는 것이다.

> 이것이 크고 첫째 되는 계명이요 둘째도 그와 같으니 네 이웃을 네 자신 같이 사랑하라 하셨으니
>
> (마 22:38-39).

목숨 걸고 집중해야 할
두 가지

우리가 목숨 걸고 집중해야 할 중요한 두 가지가 있다. 첫째는 하나님과 나와의 관계이고, 둘째는 이웃과의 관계이다. 이 두 가지에 인생을 걸어야 한다. 그렇지 않으면 세상 끝 날이 다가올 때 후회의 눈물을 흘리게 될 것이다. 하나님과의 관계에서 "목숨을 다하여 주 나의 하나님을 사랑하라."고 하셨는데, 사랑하는 것은 무엇인가? 진짜로 하나님을 사랑하면 어떤 상황에서도 예배할 수 있다. 한 주의 예배가 사소하게 보이지만 매우 중요하다. 〈사무엘상〉 2장 30절 말씀을 읽어보자.

> 나를 존중히 여기는 자를 내가 존중히 여기고 나를
> 멸시하는 자를 내가 경멸하리라.

하나님을 존중하고 사랑하면, 목숨 걸고 그분에게 예배한다. 예배가 정말 중요한 일이다. 예배하는 것은 하나님을 존중하는 것이고, 죄짓는 것은 하나님을 멀리하는 것이다. 죄짓는 것은 하나님을 멸시하는 것으로 하나님이 가장 싫어하는 큰 죄다. 거짓말하고 남의 물건 훔치는 것도 죄이지만, 더 근원적인 죄는 하나님을 떠나 있는 것이다. 하나님을 멀리하는 것이 죄다.

〈창세기〉부터 〈요한계시록〉까지 관통하는 하나의 메시지가 있다. 하나님을 떠난 인생에서 돌아오라는 것이다. 코로나바이러스 때문에 우리는 예배를 사소하게 여기고 있다. '그까짓 예배 한 번 안 드린다고 무슨 문제가 있겠어? 유튜브 영상으로 대충 드려도 괜찮지 않을까?' 성경은 분명히 말한다.

> 나를 존중히 여기는 자를 내가 존중히 여기고 나를
> 멸시하는 자를 내가 경멸하리라(삼상 2:30).

> 네 마음을 다하며 목숨을 다하며 힘을 다하며 뜻을
> 다하여 주 너의 하나님을 사랑하고(마 10:27).

우리가 목숨을 걸어야 할 일은 하나님과의 관계이고 예배다. 예배에 목숨을 걸어보라. 하나님이 우리를 어떻게 축복하시는지 알게 될 것이다. 우리는 예배를 사소하게 여기고 있다. 정말 중요한 것을 사소하게 여기는 것이다. 인생의 문제가 여기에서부터 시작된다. 예수님은 말씀하신다.

> 둘째도 그와 같으니 네 이웃을 네 자신 같이 사랑하

우리의 가까운 이웃은 가족이다. 가족을 사랑하는 일에 인생을 걸어야 한다. 그런데 우리는 가족간의 사랑을 사소하게 여긴다. 그래서 늘 문제가 생기는 것이다. 모든 관계는 말로 이루어진다. 말 한마디로 천 냥 빚을 갚기도 하고, 말 한마디로 관계가 완전히 틀어지기도 한다.

어느 중년의 목사님이 저녁을 먹은 후에 갑자기 아내에게 미안한 마음이 들었다. 꽃다운 나이에 시집와서 가슴앓이만 하는 아내가 너무 안쓰러웠다. "여보, 당신 정말 좋은 사람이에요." 남편에게 평생 처음 이 말을 듣고 아내는 감격하며 행복해했다. 그날 밤 잠을 못 잘 만큼 행복해했다. 남편의 말 한마디에 좋아하는 아내를 보고 다음날 새벽 예배에 가서 두 가지를 회개하였다. 아내가 좋아하는 말을 하지 않은 것과 아내에게 감사하지 못한 마음이다.

우리는 옳은 말, 바른말만 해야 한다고 생각한다. 때로는 상대를 위해서 립 서비스도 할 줄 알아야 한다. 나를 위해서 마음에도 없는 말을 하면 사기꾼이지만, 상대를 위해서 하면 지혜로운 것이다. 말 한마디로 행복을 줄 수도 있고, 불살라버릴 수도 있다. 사소한 것이 이렇게 중요하다.

엄마와 함께 교회에 온 아이에게 "너 참 예쁘구나. 예배도 잘 드리고" 이렇게 칭찬해 주면 엄마도 아이도 행복할 것이다. 《말과 축복》이라는 책을 보면 이 말과 비슷하지만 더 좋게 말해 줄 수 있다고 한다.

"사랑하는 아이야, 너 정말 예쁘구나. 이렇게 예배를 잘 드리니 하나님이 너를 멋있는 사람으로, 좋은 그릇으로 쓰실 거야." 예언적인 말을 해주는 것이다. 아이는 오늘 예배를 드리지만 자신의 축복받은 미래를 들은 것이다.

마음속에 말이 씨앗이 되어 미래의 꿈으로 들어온 것이다. 말 한마디가 이렇게 누군가에게 용기와 희망과 꿈을 주고, 그 사람을 키워준다. 그러니 말을 잘못하면 그의 삶의 바퀴를 불살라버릴 수도 있는 것이다. 말은 인생을 바꾼다.

또 배를 보라 그렇게 크고 광풍에 밀려가는 것들을
지극히 작은 키로써 사공의 뜻대로 운행하나니

(약 3:4).

배의 작은 키처럼 우리 입속에 있는 혀의 한마디가 인생의 방향을 바꿀 수 있다. 우리는 사소한 것에 목숨을 거는데 중요한 관계에 목숨을 걸어야 한다.

우리에게 주어진 하루를 멋지게 살아가기가 어려운가? 결코 어렵지 않다. 내게 주어진 멋진 하루를 사랑하는 방법이 있다. 주변 사람들에게 따뜻한 미소를 보내고, 따뜻한 말을 해주는 것이다.

사소하고 아무것도 아닌 일에 악을 쓰고 소리 지르며 인생을 보내지 말고, 하나님께서 사랑하는 일에, 내 가족과 주변 사람들을 사랑하는 일에 인생을 걸면 나머지 것들은 따라오게 되어 있다. 쓸데없는 작은 일에 감정을 소비하면서 소중한 인생을 낭비하지 말라. 반드시 후회할 것이다. 미소와 감사와 따뜻한 말 한마디는 여러분의 인생을 빛나게 해줄 것이다.

우리를 위하여 여우 곧 포도원을 허는 작은 여우를
잡으라 우리의 포도원에 꽃이 피었음이라(아 2:15).

여러분의 가정에 꽃이 피고 열매 맺기를 기도한다. 우리는 작은 여우를 잡아야 한다. 사소한 것에 목숨 걸게 하는 이 작은 여우를 잡아야 한다. 그리고 우리 가정은 중요한 일에 에너지를 사용해야 한다. 하나님을 사랑하고 가족들에게 따뜻한 미소를 보내자. 그러면 우리 가정이 날마다 푸르고 푸른 아름다운 포도원이 될 것이다.

인생 하프타임을 위한 30일

30 Days No Regrets

3부

감사하는 삶

동행,
주어진 복 누리기

(전 9:7-10)

약속된
하나님의 복

코로나19 때문에 시간 여유가 좀 생겼을 때, 컴퓨터와 스마트폰에 있는 사진 파일을 정리하였다. 정리하던 중에 오래전 성도들과 성지순례 갔던 사진을 발견했다. 그때 성지순례 팀은 이스라엘을 돌고 요르단으로 넘어갔지만, 나와 아내는 이스라엘에 남아 벧엘로 갔다.

벧엘은 야곱이 형 에서를 피해 하란으로 도망갈 때 하룻밤 머문 곳이다. 야곱은 돌을 베개 삼아 잠이 들었고 꿈을 꾸었다. 하늘이 열리고 하늘까지 닿는 사다리가 내려왔다. 그 사다리 위에서 하나님이 야곱에게 말씀하셨다. 잠에서 깬 야곱은 베고 자던 돌을 제단 삼아 기름을 붓고 하나님께 예배드렸다.

야곱의 평생소원처럼 주님께 더 가까이 나가는 은혜가 여러 분께 있기를 주님의 이름으로 축복한다. 세상에서 복을 누리기 원하는가? 주님을 가까이하는 것이 복이다.

이 악한 세대 사람들 중에는 내가 그들의 조상에게
주기로 맹세한 좋은 땅을 볼 자가 하나도 없으리라
(신 1:35).

이 악한 세대 사람들은 이방인이 아니고 이스라엘 백성이다. 하나님은 이스라엘 백성에게 약속의 땅, 가나안 땅을 약속하셨다. 그래서 그들은 홍해를 건너고 광야를 지나왔다. 그들이 광야를 지나오면서 하나님 앞에 '악한 세대'가 된 것이다. 하나님이 그들을 표현하기를 이 악한 세대 사람 중에는 내가 그들의 조상에게 주기로 맹세한 좋은 땅을 볼 사람이 아무도 없다고 하셨다. 결국 가나안 땅에는 여호수아와 갈렙만 들어갔다. 참 가슴 아픈 말씀이다.

하나님은 그들에게 맹세하면서 좋은 땅을 약속하셨다. "젖과 꿀이 흐르는 가나안 땅을 너희에게 주겠다." 그래서 열 가지 재앙을 내리고, 홍해를 건너게 하고, 반석의 물을 마시게 하면서 광야를 지나왔는데, 지나오면서 그들은 음란하고 불평하고 조금만 힘들면 하나님을 원망했다. 그들은 그렇게 악한 세대가 되어버렸다. 약속은 받았지만 가나안에 들어갈 수는 없었다. 그들은 젖과 꿀이 흐르는 가나안 땅을 약속받았지만 주어진 복을 누리지 못했다.

왜 약속을 받고 그 복을 누리지 못할까? 우리는 예수를 믿고 구원받았다. 구원받은 사람들에게는 하나님 약속의 말씀이 있다. 〈요한복음〉 10장 10절이다.

> 도둑이 오는 것은 도둑질하고 죽이고 멸망시키려는 것뿐이요 내가 온 것은 양으로 생명을 얻게 하고 더 풍성히 얻게 하려는 것이라.

예수님을 믿으면 생명을 얻을 뿐만 아니라 더 풍성히 얻는다. 하나님은 감격스럽고 풍성한 삶, 만족스럽고 기쁜 삶을 약속하셨다. 이미 우리에게 주어진 복이다. 그런데 이 약속을 받고도 누리지 못하는 사람이 너무나 많다. 한 번뿐인 인생이다. 한번 가면 다시 오지 않는 인생에서 하나님은 예수 믿는 우리에게 젖과 꿀이 흐르는 가나안 땅 못지않은 풍성한 삶을 약속하셨다. 그런데 왜 얻지 못하고 누리지 못하는 걸까?

예수를 믿고 하나님의 자녀가 된 우리는 하나님의 위대하심을 증명하며 살아갈 때 풍성하고 생명력 있는 삶을 살게 될 것이다. 내가 믿는 하나님이 얼마나 좋은 분이고 얼마나 위대하신 분인지 경험하면서 그분이 얼마나 대단한 분인지 증명하며 살아갈 때 인생이 즐거울 것이다.

우리 모두 주어진 복, 약속된 하나님의 복을 누리기를 주님 이름으로 축복한다. 이미 주어진 복이 있는데 누리지 못하고 다른 것을 찾고, 내가 얼마나 대단한지 증명하려고 하기 때문에 늘 고달프고 힘든 것이다. 우리에게 주어진 복을 누리기 위해 어떻게 하면 좋을까?

◆

일상에서 누리는
은혜

여러분의 인생 여정 속에 가장 행복했던 때는 언제인가? 평소에 이 문제를 생각하고 살았다면, 바로 말할 수 있다. "나는 이때 행복했습니다." 하지만 생각 없이 살아온 사람들은 "글쎄, 행복한 때가 언제였지?"라고 할 것이다. 분명히 행복한 때가 있기는 있을 것이다. 이번에는 다른 질문을 해보겠다. 지금까지 살아오면서 가장 힘들었던 때는 언제인가? 사람들에게는 힘들었을 때와 행복했던 때가 있다. 〈전도서〉 7장 14절은 이렇게 말한다.

형통한 날에는 기뻐하고 곤고한 날에는 되돌아 보아라.

형통한 날과 곤고한 날 즉, 가장 행복했던 때와 가장 힘들었던 때, 성경은 양극단의 때를 말한다. 예수 믿는 사람들이 자신이 경험한 하나님을 간증할 때 주로 형통한 때와 곤고한 때를 대비해 이야기한다.

사람마다 정말 행복했던 때와 힘들었던 때가 있다. 형통한 때를 한번 생각해 보라. 결혼식 날을 잡아놓고 설레며 기다릴 때, 아이를 낳았을 때, 아이가 자라는 모습을 바라볼 때 우리는 행복을 느낀다. 자기의 꿈을 이루었을 때도 행복을 느낀다.

인생은 형통의 때도 있고, 낮아질 때도 있고, 골짜기를 지나가는 때도 있다. 코로나로 어렵고 힘들 때, 실직했을 때, 몸이 아플 때, 사랑하는 사람이 떠났을 때는 너무 고통스럽다. 또한 형통할 때, 곤고할 때, 행복할 때, 인생의 가장 낮은 지점을 지나고 있을 때도 있다.

그리고 최선의 때와 최악의 때가 있다. 이 두 때가 극적이기 때문에 사람들은 오래 기억한다. 대부분 우리 인생은 그 중간 즈음을 산다. 이 중간의 때를 우리는 일상이라고 한다. 어느 누구도 특별한 때는 얼마 되지 않는다. 대부분이 일상을 살아간다. 우리는 평범한 일상을 살고 있다. 반복되는 일상, 단조로운 일상을 사는 시간이 훨씬 많다. 그런데 왜 일상 속에서는 하나님을 경험하지 못하는 걸까?

사람들은 양극단의 때, 형통할 때와 곤고할 때를 간증한다. 그때 하나님께서 나에게 어떻게 하셨는지를 이야기한다. 일상 속에서 함께하시는 하나님에 대한 간증은 별로 없다. 오히려 반복되는 일상을 따분해 하고 힘들다, 밋밋하고 지겹다고 말한다. 왜 그럴까? 일상에서 하나님을 경험하지 못했기 때문이다.

〈전도서〉에서 반복되는 단어는 '헛되고 헛되다.'이다. '헛되다.'는 속이 비어 있다는 뜻이다. 영어로는 'meaningless'로 '의미가 없다'라는 뜻이다. 〈전도서〉는 하나님 없는 삶에 대해 "헛되고 헛되다."라고 표현했다. 하나님 없는 삶은 의미 없고 비어 있는 삶이다. 솔로몬은 100년을 살고 500년을 살지라도 하나님 없는 삶이기 때문에 '헛되다'라고 말한 것이다.

양극단의 때에서는 하나님을 의지할 수밖에 없다. 하나님을 의지하기 때문에 간증이 나오는 것이다. 그런데 더 많은 인생의 길이는 일상의 삶이다. 평범한 삶을 살아가는 우리는 그 소중함을, 그 귀함을 잘 모르는 것 같다.

우리는 코로나로 인해서 일상의 소중함을 가슴 절절히 느낀다. 아이들이 등교 하는 것, 출근 하는 것, 주일이면 모여서 예배를 드리는 것, 가족들이 모여 외식을 하는 것 등이 얼마나 소중했었는지를 느끼고 있다. 우리 모두가 바라는 것은 대단한 것이 아니라 평범한 일상으로 돌아가는 것이다. 아이들은 학교에 가고, 어른들은 출근하고, 마음껏 거리를 활보하는 것이다. 우리는 많은 복을 받았지만 복인지도 모르고 살아왔다. 〈전도서〉 9장 7절은 우리에게 주어진 복에 대해 이야기한다.

> 너는 가서 기쁨으로 네 음식물을 먹고 즐거운 마음으로 네 포도주를 마실지어다 이는 하나님이 네가 하는 일들을 벌써 기쁘게 받으셨음이니라.

◆

주님의
선물 같은 날들

음식을 먹고 즐거운 마음으로 포도주를 마시는 것은 일상이다. 일상은 하나님이 우리에게 주신 너무 소중한 복이다. 밥 먹는 것, 물 마시는 것, 커피 마시는 것, 아이들이 학교에 가는 것, 직장에 가는 것, 이 자체가 복이다.

아침에 일어나서 세수하고, 머리 감고, 화장하고, 걷거나 차를 타고 와서 예배하는 것은 너무도 당연한 일이다. 그런데 이 당연한 것이 사실은 엄청난 복이다. 하나님이 복을 주셔야 누릴 수 있기 때문이다. 그런데 우리는 이 평범한 은혜에 감사하지 않고 밋밋하고 따분하다고 늘 불평한다. 우리가 먹고 마시고 살아가는 일상은 하나님이 주신 복이다. 건강할 때는 몸의 소중함을 모르다가 막상 아프면 그 중요함을 알고 몸을 살피지 않은 것을 크게 후회한다. 내가 누리고 있는 것이 복인 줄 모르다가 잃어버린 후에야 후회한다. 이것이 인간의 비극이다. 〈전도서〉 3장 13절에 이런 말씀이 있다.

사람마다 먹고 마시는 것과 수고함으로 낙을 누리는 그것이 하나님의 선물인 줄도 또한 알았도다.

하나님의 선물이 무엇인가? 먹고 마시는 것이다. 그런데 먹고 마시고 노는 것만 선물이 아니라, 네가 수고함으로 낙을 누리는 것도 하나님의 선물이라고 말한다. 지금 여러분이 하는 일이 하나님의 선물인 줄 알고 기쁘게 누리기 바란다. 땀을 흘리고 잠시 취하는 쉼은 너무 달콤하다. 이게 하나님의 복이다.

언젠가 은퇴를 하고 남는 게 시간일 때 할 일이 없다면 정말 힘들 것 같다. 일하고 수고하고 누리는 낙이 하나님의 선물이라고 성경은 말한다. 우리 하나님이 주신 복이 또 하나 있다. 같이 읽어 보자.

> 네 의복을 항상 희게 하며 네 머리에 향 기름을 그치지 아니하도록 할지니라(전 9:8).

옷을 항상 희고 깔끔하게 하고 네 머리에 향 기름을 바르라고 한다. 즉 자기 자신을 잘 관리하라는 것이다. 머리에 기름을 바르고 단정하게 관리하면 얼마나 기쁜가? 미용실에서 머리카락만 살짝 다듬어도 기분이 좋다. 그 일상이 우리에게 복이라는 것이다. 외모만 깔끔하게 할 것이 아니라 우리 내면도 예수의 보혈로 거룩한 옷을 입고 향기로 단장해야 한다. 그래서 날마다 깨끗하고 거룩한 모습으로 살아가는 것이 복이다.

> 네 헛된 평생의 모든 날 곧 하나님이 해 아래에서 네게 주신 모든 헛된 날에 네가 사랑하는 아내와 함께 즐겁게 살지어다 그것이 네가 평생에 해 아래에서 수고하고 얻은 네 몫이니라(전 9:9).

"네가 사랑하는 아내와 함께"에서 아내는 '한 아내'이다. 사랑하는 한 명의 아내와 함께 즐겁게 살라는 것이다. 〈전도서〉의 저자 솔로몬에게는 천 명의 아내가 있었다. 천 명의 아내와 산 솔로몬은 그건 복이 아니고 저주라고 말한다. 사랑하는 내 아내와 함께 즐겁게 살아가는 것이 일상이고, 일상은 혼자 사는 것이 아니라 더불어 사는 것이다. 남편과 아내와 아이들, 사랑하는 사람들과 더불어 사는 것이 일상의 복이다.

아내가 있다고 남편이 있다고 그 자체가 복은 아니다. 즐겁게 살아야 복이 된다. 관계 속에서 복을 누리는 방법은 감사하는 마음이다. 그래야 기쁨을 누릴 수 있다. 소유가 복이 아니고 누리는 것이 복이다. 많이 가지고도 누리지 못하면 복이 아니다. 〈전도서〉 6장 2절이다.

> 어떤 사람은 그의 영혼이 바라는 모든 소원에 부족함이 없어 재물과 부요와 존귀를 하나님께 받았으나 하나님께서 그가 그것을 누리도록 허락하지 아니하셨으므로 다른 사람이 누리나니 이것도 헛되어 악한 병이로다.

사람이 재물과 부귀영화를 많이 소유했어도 소유 자체는 복이 아니다. 하나님이 누리도록 허락하지 않으면 재물과 부귀영화는 다른 사람의 것이 된다. 내가 벌었고 내가 존귀를 얻었는데, 내가 못 누리고 다른 사람이 누리는 것이다. 소유가 아니라 누리는 것이 복이다.

《하나님의 임재 연습》이라는 책이 있다. 프랑스의 갈멜수도원에서 평생을 평수사로 살면서 하나님과의 깊은 교제의 삶을 살았던 로렌스 형제가 쓴 이 책은 지난 300여 년 동안 우리나라뿐 아니라 세계 여러 나라에서 꾸준히 발간되고 있다. 저자 로렌스 형제는 수도원에서 아주 단조로운 삶을 살았다. 그는 늘 수도원 부엌에서 불 피우고 밥하고 설거지를 했다. 누가 봐도 힘들고 고된 삶이다. 허드렛일하고, 청소하고, 밥하고, 물 긷고, 설거지하는 일상이 그의 삶이다. 그런데 그의 얼굴은 언제나 평안했고 신비한 미소가 있었다. 그가 있는 부엌에만 오면 평안함이 느껴졌다. 로렌스 형제는 바쁜 일상에서 하나님의 임재를 누렸다. 분주한 일상에서 밥하고 설거지하면서 하나님의 임재 속에 있었다. 그는 《하나님의 임재 연습》에서 이렇게 말한다.

하나님의 임재는 프로그램이 아닙니다. 연습입니다. 하나님을 자주 생각하십시오. 불 때면서 생각하고, 설거지하면서 생각하고, 낮이나 밤이나 일하는 중에 심지어 기분 전환할 때도 그분을 자주 생각하십시

내 생애 마지막 한 달

오. 그분은 언제나 당신 가까이에 계십니다. 그분을 홀로 남겨두지 마십시오. 당신을 방문한 친구를 혼자 두는 것은 무례한 일이라고 여기지요. 그렇다면 어찌 하나님을 무시한 채 버려둘 수 있나요?

책 속의 내용을 하나 더 소개한다.

하나님께서는 우리에게 큰일을 요구하시지 않습니다. 시시때때로 그분을 기억하고 찬양하며, 우리의 어려움을 맡기고 은혜를 구하며, 주신 호의에 감사한 마음을 가지고, 우리에게 하나님만이 참다운 위로자가 되심을 깨닫기 원하실 뿐입니다.

식사를 할 때나 누군가와 교제를 나눌 때에도 당신의 마음을 그분께 올려 드리십시오. 우리의 아주 작은 마음이라도 하나님은 이를 항상 받으실만하다고 여기십니다. 당신은 큰 소리로 외칠 필요가 없습니다. 우리가 느끼는 것보다 그분은 더 가까이 계십니다.

늘 주님을 생각하는 것이 임재 연습이다. 그분을 깊이 생각하면서 주신 복을 누리길 바란다. 내가 무슨 일을 하는지는 중요하지 않다. 부엌에서 설거지만 해도, 밥만 해도 세상 빛을 본

적이 없어도 늘 주님을 생각하며 살아가면 주님의 찬란한 빛이, 주님의 한없는 샬롬이 충만하기 때문에 얼굴에 빛이 나는 삶을 살 수 있다. 그 일상을 누리는 비결은 예수님을 생각하는 것이다. 예수님 없는 삶은 헛되다. 우리는 삶 속에서 주님의 복을 누려야 한다. 〈다니엘〉 6장 10절에 다니엘의 모습이 나온다.

> 다니엘이 이 조서에 왕의 도장이 찍힌 것을 알고도 자기 집에 돌아가서는 윗방에 올라가 예루살렘으로 향한 창문을 열고 전에 하던 대로 하루 세 번씩 무릎을 꿇고 기도하며 그의 하나님께 감사하였더라.

◆

하나님의 평강,
샬롬

어떻게 하면 주어진 삶을 잘 누릴 수 있을까? '감사'로 누리면 된다. 여러분의 일상에서 하나님의 은혜를 생각하면서 그분께 감사할 때 무슨 일을 해도 복이 되고, 은혜가 되고 하나님의 평강이 임할 것이다. "그의 하나님께 감사하였더라." 다니엘은 늘 하던 대로 예수님을 생각하고 감사했다.

브루스 윌킨스가 쓴 《야베스의 기도》라는 책이 있다. 브루스 윌킨스는 달라스 신학대학의 교수이다. 그의 책 《야베스의 기도》에 존이라는 성도가 나온다.

입신한 존이 천국에 갔는데 베드로가 그를 영접하여 천국을 안내했다. 두 사람이 이곳저곳을 구경하다가 한 건물 안에 들어갔다. 선반이 가득하고 많은 상자가 그 위에 빼곡하게 놓여 있었다. 빨간 리본이 달린 상자마다 사람들의 이름이 써있었다. 궁금한 존은 자신의 이름이 적혀 있는 상자를 찾아서 열어보았다. 놀랍게도 평소에 이루었으면 하는 바람들이 상자에 가득 차 있었다. 안내하던 베드로에게 이것이 무엇을 의미하냐고 물었다.

성도들이 기도하면 선물로 주려고 하나님께서 예비해 놓은 것인데 기도하지 않아서 하늘에 보관되어 있는 것이라고 알려주었다. 존은 충격을 받았다. 하나님께서 이렇게 다 준비해 놓았는데 존은 그것들을 누리지 못했다. 천국에 놀라운 복이 준비되어 있는데 구하지 않아서 얻지 못한 것이다. 〈마태복음〉 7장 7절에 예수님께서 우리에게 하신 약속의 말씀이 있다.

> 구하라 그리하면 너희에게 주실 것이요 찾으라 그리하면 찾아낼 것이요 문을 두드리라 그리하면 너희에게 열릴 것이니.

이 말씀은 예수를 믿는 우리에게 주신 하나님의 약속이다. 내가 이 땅에 태어나고 예수님을 믿는 그 순간에 하나님의 곳간에는 나를 위한 모든 것이 준비되어 있고 이미 내 이름으로 복이 주어져 있다. "구하라 찾으라 문을 두드리라."고 말씀하시는데 우리가 찾고 두드리지 않는 것이다. 내 힘으로 살아가려고, 내 힘으로 뭔가 해보려고 하기 때문이다. 예수님 안에 있는 복이 하나님의 약속으로 우리에게 주어져 있다.

하나님이 주시기로 약속한 복을 다 누리게 되기를 축복한다. 이 땅에서 우리 인생은 길지 않다. 내 힘으로 살려고 애쓰지 마라. 내가 얼마나 대단한 사람인지 증명하려고 하지 마라. 하나님이 얼마나 위대한 분인지를 증명하기 위해 구하고 찾고 두드리며 살아가면 약속된 모든 것을 누리게 될 것이다. 우리에게는 젖과 꿀이 흐르는 가나안 땅이 약속되어 있다. 예수 믿는 우리에게 모든 것이 준비되어 있다.

> 아무 것도 염려하지 말고 다만 모든 일에 기도와 간구로, 너희 구할 것을 감사함으로 하나님께 아뢰라
> (빌 4:6).

요즘처럼 어려울 때 우리 마음을 감동시키는 말씀이다. 하나님이 우리 아버지이기 때문에 너희는 아무것도 염려하지 말

내 생애 마지막 한 달

고 오직 감사함으로 구하기만 하면 된다고 한다. 그리고 〈빌립보서〉 4장 7절에서 이렇게 말한다.

> 그리하면 모든 지각에 뛰어난 하나님의 평강이 그리스도 예수 안에서 너희 마음과 생각을 지키시리라.

하나님의 평강, 샬롬이다. 예수님이 주고 싶어 하시는 평안이 우리 마음과 생각에 강하게 임해서 먹구름이 덮쳐올 때도 먹구름 너머에 태양이 있듯이, 하나님의 평강을 누리게 되는 것이다. 하늘을 바라보는 소망이 있기 때문에 하나님의 평강을 누리게 되는 것이다.

대단한 복을 찾지 말고 내게 주어진 일상에서 하나님을 깊이 생각하면서 날마다 그분께 감사하고 그분의 약속을 기도하면서 평강을 누리고 승리하기를 예수님의 이름으로 축복한다.

내 영혼을
정기 검진하라

(합 3:16-19, 빌 4:11-13)

영적
정기 검진

우리가 먹는 빵 한 조각에도 그 빵이 만들어져서 내 손에 오기까지 수많은 사람의 수고와 땀방울이 있고 그 밑자락에는 하나님의 은혜가 있다. 해마다 바람과 햇살과 비를 주신 하나님의 은혜에 감사하며 우리는 감사절을 지킨다. 우리가 하나의 일에 두 번 축복을 받는 비결이 있다. 바로 감사하는 것이다. 받

내 생애 마지막 한 달

을 때 감사하고 그 복을 누리면서 감사하면 두 번의 복을 누리게 된다. 우리가 계속 감사하면 하나님께서는 감사할 것을 더 많이 주신다. 우리 인생의 크기는 감사에 비례한다.

하남교회에 처음 왔을 때 이런저런 일들이 많았다. 부임하고 양평 수양관에서 2박 3일 목회자 수련회를 했다. 수련회 중에 음식을 안 먹었는데도 복부에 가스가 차서 빵빵해졌다. 가스가 빠지지 않고 계속 더부룩해서 친구 목사에게 설교를 부탁하고 동네 병원에 갔다. 의사가 보더니 어쩔 줄 몰라하면서 큰 병원으로 가라고 했다. 당시 서기 장로님이 급하게 병원으로 와서 나를 끌다시피 데리고 아산병원 응급실로 갔다. 여러 가지 검사를 받고 약을 하나 처방받아 복용했다. 그런데 집에 오기도 전에 배가 아주 편안해졌다.

병에는 증상이 있다. 증상이 있은 후에 괜찮겠지 하며 차일피일 미루고 병원에 늦게 갈 수도 있다. 증상이 없을 때 미리미리 체크하면 미연에 방지할 수 있고, 초기에 발견하면 쉽게 치료할 수도 있다. 병을 찾아낼 방법은 정기검진밖에 없다.

요즘은 코로나로 독감이나 기타 질환은 줄었는데 코로나 블루로 정신과 질환은 늘었다고 한다. 코로나19 이후 개인 방역이 강화되면서 호흡기 감염 질환자 수는 감소한 반면 우울증 환자는 급증한 것으로 나타났다. 마음의 감기라고도 하는 우울증은 심하면 극단적인 상황까지 갈 수 있는 심각한 병이다. 직접 또는 주변 사람을 통해서 겪어보지 않으면 우울증의 심각성을 잘 모를 수도 있다. 전 세계 인구 6명 중 1명꼴로 일생의 어느 시점에서 우울증에 걸린다. 우울증은 얼굴이 어두워지고 웃음이 없고 매사에 의욕이 없다. 사람들이 "얼굴이 왜 그러냐?"라고 하면 '웃을 일이 없어서'라고 말한다.

우울증 얘기를 한 이유는 하박국이 처한 시대 상황이 웃을 일이 없는 시대이기 때문이다. 하박국은 웃을 일이 없는 정도가 아니라 자기의 창자가 흔들린다고 했다. 너무 놀라면 입술이 파르르 떨리고, 너무 힘들고 답답하면 창자가 솟는 것 같은 경험을 한다.

> 내가 들었으므로 내 창자가 흔들렸고 그 목소리로 말미암아 내 입술이 떨렸도다 무리가 우리를 치러 올라오는 환난 날을 내가 기다리므로 썩이는 것이 내 뼈에 들어왔으며 내 몸은 내 처소에서 떨리는도다(합 3:16).

하박국은 어떤 소식을 듣고 창자가 흔들리고 입술이 떨렸을까? 왜 이런 상황이 만들어졌을까? 하나님이 선지자 하박국에게 자기 민족 남유다가 장차 바벨론에게 멸망할 것을 말씀해 주셨기 때문이다.

이스라엘과 우리나라의 역사는 비슷한 면이 있다. 같은 민족인데 북쪽 이스라엘, 남쪽 유다로 분열되었다. 한 하나님을 섬기는 민족이 나누어진 것이다. 북쪽 이스라엘은 우상을 섬기고 하나님을 떠나 살다가 멸망했다. 이런 상황에서 남쪽 유다 지도자들은 정신을 차리고 근신해야 했다.

하나님이 바벨론을 들어서 패역한 유다를 치시려고 하는데, 여호야김 왕은 하나님을 의지하지 않고 애굽에 의지해서 바벨론에 맞서려고 했다. 무리하게 세금을 걷어서 애굽에 주자, 선지자들이 애굽을 의지하지 말라고 경고했다. 여호야김은 그 말을 한 선지자들을 죽였다. 얼마나 악한가? 아버지 요시야 왕은 우상의 제단을 다 헐었는데, 아들 여호야김은 우상을 다시 세우는 악한 일을 행했다. 그러자 하나님께서는 하나님 말씀인 두루마리를 칼로 갈기갈기 찢어버린 패역한 유다를 징계하려고 하신다. 그 도구가 바벨론이다.

> 무리가 우리를 치러 올라오는 환난 날을 내가 기다리므로 썩이는 것이 내 뼈에 들어왔으며 내 몸은 내 처소에서 떨리는도다(합 3:16 하).

하박국은 "우리를 치려고 올라오는 환난 날을 내가 기다린다."라고 한다. 뼈가 상할 만큼 근심이 되는 환난 날이 앞에 있다는 소리를 들었다. 하나님의 말씀에 하박국은 몹시 고통스러웠다. 바벨론이 유다를 짓밟을 때 유다는 어떻게 될 것인가?

> 비록 무화과나무가 무성하지 못하며 포도나무에 열매가 없으며 감람나무에 소출이 없으며 밭에 먹을 것이 없으며 우리에 양이 없으며 외양간에 소가 없을지라도(합 3:17).

무화과나무, 포도나무, 감람나무에 열매가 없고, 우리에는 양이 없고, 외양간에는 소가 없는 상황을 맞이한다는 것이다. 그날이 되면 아무것도 없을 것이다.

인간의 불행이 어디에서 오는지 성경을 보면 알 수 있다. 돈이 없어서 오는 것이 아니라, 하나님을 떠나면 궁극적 불행이 온다. 하나님의 손에 붙잡혀 살아야 하는 유다는 하나님을 떠났다. 하박국은 지금 그런 상황이 너무 고통스럽다.

◆

눈물 나는 삶 속의
빛나는 보석

《영혼을 위한 닭고기 수프》《마음을 열어주는 101가지 이야기》 등을 쓴 잭 캔필드와 마크 빅터 한센의 《죽기 전에 답해야 할 101가지 질문》이라는 책이 있다. 생의 한복판을 뜨겁게 살아갔던 소시민들의 이야기 101편을 단편 형태로 묶은 책이다. 이 책에 나오는 이야기 하나를 소개하려고 한다.

14세에 다리 뼛속에 종양이 자라는 골육종을 진단받은 안젤라는 20세가 되었다. 그동안 늘 조심하면서 병원에서 정기 검사를 받으며 살았다. 어느 날 병원에서 전화가 왔다. 정기 검진 날이 일주일 남았는데 병원에 오라는 것이다. '좋지 않은 일이 생겼구나.' 생각하며 병원에 갔다. 의사는 "종양이 폐까지 올라왔고 머릿속에서 몇 개의 종양이 발견되었다."라고 이야기했다. 그 검진 결과를 듣는 순간 안젤라는 아무 생각도 할 수 없었다. 정신을 차리고 의사에게 물었다. "내게 남은 시간은 얼마인가요?" 의사는 한 달이라고 대답했다.

절망 앞에 우리는 어떻게 할까? 〈가이드포스트〉는 미국과 한국에서 동시에 발간되는 월간지로 역사가 오래 되었다. 매달 잡지에 아름다운 이야기를 많이 실었는데 42주년을 맞이해서 그 중 가슴 아프고 슬프지만 희망적인 이야기들을 엮어서 《아이처럼 울고 어른처럼 일어나라》라는 책을 냈다. 다음은 이 책속 나오는 이야기다.

어느 가정의 가장이 퇴근하고 돌아왔는데 아내가 소파에서 울고 있었다. 옷과 머리가 헝클어져 있는 아내를 보고 뭔가 나쁜 일이 벌어졌구나 하는 생각이 들었다. 아내가 낯선 남자에게 성폭행을 당한 것이다. 그 후 밝은 아내는 웃음을 잃어버렸고, 사람 만나는 것을 두려워하고 교회도 나가지 못했다. 그 사건도 너무 큰 충격인데 성폭행으로 임신까지 되었다.

만약 우리에게 이런 일이 닥치면, 우리는 어떤 마음이고 어떻게 해야 할까? 안젤라와 같은 결과를 들었다면, 그리고 우리 가족이 끔찍한 일을 당했다면 우리는 어땠을까?

살다 보면 가파른 산도 만나고 세찬 여울목도 지나고 한 치 앞도 보이지 않는 눈보라를 맞기도 한다. 하박국 선지자처럼 가슴 떨리고 심장 떨리는 답이 없는 상황에서 우리는 어떻게 해야 할까? '하나님, 어떻게 이럴 수 있습니까?' '하나님, 제게 왜 이러십니까?' 하나님을 원망해야 할까? 아무리 생각해도 답이 없다. 세상 그 누구를 찾아가도 시원한 답을 찾을 수 없다. 그럴 때 우리는 눈을 들어서 그리스도를 바라보아야 한다. 우리의 약함을 대신 지신 그리스도, 우리를 위해 십자가에 못 박히신 그분을 바라보는 수밖에 없다.

> 우리가 알거니와 하나님을 사랑하는 자 곧 그의 뜻 대로 부르심을 입은 자들에게는 모든 것이 합력하여 선을 이루느니라(롬 8:28).

세상은 우리에게 절망과 상처를 주지만, 우리 하나님은 모든 것이 합력하여 선을 이루어 주신다. 세상은 아무리 봐도 절망뿐이다. 우리는 선하신 하나님을 바라보아야 한다. 하박국은 절망 속에서 이렇게 고백한다.

> 나는 여호와로 말미암아 즐거워하며 나의 구원의 하나님으로 말미암아 기뻐하리로다(합 3:18).

모든 것이 사라져도, 모든 것이 떠나가도 여전히 살아 계신 하나님을 믿어야 한다. 선하신 하나님을 바라보아야 한다. 우리는 십자가의 주님을 바라봐야 한다. 우리 약함을 대신해서 채찍에 맞고 십자가에서 죽으신 주님을 바라봐야 한다.

우리 하나님은 선하시다. 문제만 보면 하나님이 계시지 않는 것 같다. 하지만 선하신 하나님은 절대로 우리를 버리지 않고, 우리를 망하게 하지 않고, 한 조각 한 조각 깨진 유리조각 같은 삶을 모아서, 한 방울 한 방울 우리가 흘린 눈물방울을 모아서 마지막에는 합력하여 선을 이루신다. 빛나는 보석이 되게 하신다.

◆

아름다운 선물,
감사

　정신과 의사인 이시형 박사는 하버드대학교에 머물다가 스트레스 분야의 최고 권위자이자, 정신과 의사이고 노벨 의학상을 받은 한스 셸리 박사의 고별 강의에 참석했다. 현장에는 그의 마지막 강의를 듣기 위해 각 분야의 전문가들이 모여 있었다. 한스 셸리가 강의를 마치고 내려갈 때 모든 사람이 기립박수를 치며 그의 아름다운 퇴장을 축하하였다. 그리움과 아쉬움으로 떠나보내는 그 자리에서 어떤 사람이 한스 박사에게 질문을 했다. "박사님, 우리가 사는 세상은 스트레스가 너무 많은데 어떻게 스트레스를 이길 수 있는지 한마디로 말씀해 주세요." 손뼉 치며 환호하던 사람들은 순간 조용해졌다. 한스 박사는 '감사(appreciation)'라는 한마디를 하고 강의실을 떠났다고 한다.

　미국의 대표적인 심층 뉴스 TV 프로그램 〈인사이드 에디션〉의 진행자로 유명한 데보라 노빌도 위대한 성공은 "감사합니다."라는 말을 자주하는 사소한 습관에서 비롯된다고 말한다. 데보라 윌은 "아무리 어려워도 여러분의 일에만 너무 마음을 쓰지 마세요. 내일을 위해 신경 쓰고 무슨 일이 생기더라도 잘될 것이라는 믿음을 가지세요. 여러분 곁에 있는 사람들에게 감사하세요. 그리고 궁극적으로 그렇게 감사할 수 있는 여러분 자신에게 감사하세요. 그렇게 살아간다면 하루하루가 즐거울 거예요."라고 말한다.

우리 인생의 모든 아픔과 고통을 치유할 마법 같은 하나님의 선물이 있다. 바로 감사이다. 감사할 때 고통스러운 아픔과 누구도 감당할 수 없는 깊은 슬픔을 이겨낼 수 있다. 감사할 때 우리 인생은 축제가 된다. 기적의 마중물이 무엇인가? 감사하는 것이다. 감사할 때 우리 속에 일어나는 기쁨은 사람들과 좋은 관계가 되고 그 기쁨으로 하는 일들은 잘 된다. 감사는 하나님이 우리에게 주신 마법 같은 선물이다.

당신은 인생을 축제처럼 살고 있는가? 당신의 인생을 멋지게 만들고 싶은가? 감사하라. 감사하기 위해서는 마음가짐이 중요하다. 〈빌립보서〉 4장 12절은 그리스도인의 마음가짐에 관해 이야기한다.

> 나는 비천에 처할 줄도 알고 풍부에 처할 줄도 알아
> 모든 일 곧 배부름과 배고픔과 풍부와 궁핍에도 처
> 할 줄 아는 일체의 비결을 배웠노라.

아무것도 없어도 비굴하지 않고, 큰 성공을 거두어도 교만하지 않고, 명예가 없어도 주눅 들지 않고, 엄청난 것을 많이 소

유해도 도도하지 않는 일체의 비결을 사도 바울은 배웠다. 예
수 믿는 사람들은 가진 것이 있든 없든 자족할 수 있어야 한다.
자족의 은혜를 가진 사람들이 그리스도인이고, 그리스도인은
모든 상황 속에서 감사할 수 있어야 한다. 〈빌립보서〉 4장 13
절에서는 능력에 대해 말한다.

> 내게 능력 주시는 자 안에서 내가 모든 것을 할 수 있
> 느니라.

모든 것이 무엇인가? 배고플 때, 배부를 때, 가난할 때, 부
할 때, 궁핍할 때도 능히 자족할 수 있고, 감사하는 마음으로 살
아가면 어떤 일이 생겨도 우리는 하나님의 은혜를 경험하게 될
것이다. 좋은 자족함, 마법 같은 하나님의 선물 '감사'가 그냥
되는 것은 아니다. 연습이 필요하다. 사도 바울도 어느 날 갑자
기 이렇게 되지는 않았다.

> 내가 궁핍하므로 말하는 것이 아니니라 어떠한 형편
> 에든지 나는 자족하기를 배웠노니 나는 비천에 처할
> 줄도 알고 풍부에 처할 줄도 알아 모든 일 곧 배부름
> 과 배고픔과 풍부와 궁핍에도 처할 줄 아는 일체의
> 비결을 배웠노라(빌 4:11-12).

내 생애 마지막 한 달

사도 바울은 일체의 비결을 배웠다. 배운다는 것은 무엇인가? 연습한다는 것이다. 교육의 기본이 연습이다. 감사를 연습하고 만족을 연습하다 보면 어느새 내 몸에 자족하는 은혜가붙게 된다. 그때 우리는 어떤 상황에서도 자족의 은혜를 누리게 된다. 하나님의 선물 같은 하루를 빛나게 만드는 비법, 우리인생을 축제처럼 만들어 가는 비법은 감사이다. 감사를 연습해야 감사가 우리 것이 된다.

하나님께서 우리에게 하루를 선물로 주셨는데, 어떤 사람은그 하루를 빛나게 살고, 어떤 사람은 남루하게 산다. 주님이 주신 선물을 빛나게 살아갈 수 있는 비결은 하루를 시작할 때 '하나님, 감사합니다.'라고 고백하는 것이다. 하나님의 은혜를 생각하며 하루를 시작하면 복되고 빛나는 하루가 될 것이다. 삶의 루틴 같은 것이다. 루틴은 힘이 세다.

'오마하의 현인'이 40년째 지속하고 있는 일상의 루틴은 무엇일까? 투자의 귀재 워렌 버핏은 매일 아침 출근길에 동네 맥도날드 드라이브-스루에서 맥모닝을 시켜 먹는 루틴이 있다고한다. 전날 투자에서 좋은 수익을 냈으면 베이컨이 들어간 3.17달러짜리 세트를 먹고, 투자에 재미를 보지 못했으면 계란후라이도 빠진 소박한 2.61달러짜리 맥모닝을 시켜 먹는다고 한다. 맥모닝을 먹는 억만장자의 모습을 떠올려보라! 세계적인 갑부인 그가 사무실에 도착해 아침을 먹으며 그날 읽어야 할 대부분의 회사 보고서와 투자 기획서, 신문과 서적들을 독파한다. 그냥 부자가 된 게 아니다.

눈뜨자마자 한숨을 쉬며 "오늘 하루는 또 어떻게 살지?" "직장 가기 싫어!" 하며 얼굴이 일그러지는 사람이 있다. 그의 하루는 절대 행복할 리 없다. 오던 복도 사라질 것이다. 그러나 아침에 일어나서 감사하는 사람은 다르다. 하루를 빛나게 만들어 가고, 그 하루하루가 모여 인생을 축제로 만들어 간다. 하나님이 주신 하루하루를 감사함으로 맞이하자.

인생을 살아가면서 필요한 지혜가 하나 있다. 할 수 있는 일과 할 수 없는 일을 구별하는 지혜다. 할 수 있는 일은 '하고' 할 수 없는 일은 '하나님께 맡기는 것'이 지혜다. 할 수 있는 일은 안 하고, 할 수 없는 일 때문에 괴로워하고, 할 수 없는 일에 시간을 쏟는 것은 인생을 허비하는 것이고 불행한 일이다.

우리가 할 수 있는 일 중에 가장 아름다운 일이 무엇인가? 하나님께 감사하는 것이다. 감사하고 감사하면 할 수 없는 일도 하나님께서 아름답게 만들어 가신다.

하박국은 창자가 흔들리고, 입술이 떨리고, 뼈가 썩어가는 고통 속에서도 눈을 들어 주님을 바라보면서 하나님의 때를 기다렸다.

주 여호와는 나의 힘이시라 나의 발을 사슴과 같게

내 생애 마지막 한 달

하사 나를 나의 높은 곳으로 다니게 하시리로다

(합 3:19).

하나님을 바라보아야 한다. 소망 없는 세상을 바라보지 말고 하나님을 바라보라. 그리고 하나님을 기대하라. 하나님은 반드시 나의 발을 사슴과 같게 하사 높은 곳으로 다니게 하실 것이다.

하나님의 은혜를 기대하면서 그때까지 내가 할 수 있는 일을 하자. 감사하고 감사하며 기다리고 기다리자. 아무리 힘들고 어려워도 할 수 있는 일을 하면서 감사하고 감사하면서 그날을 기다리기 바란다. 하나님은 반드시 그날을 주실 것이다. 우리의 발을 사슴과 같이 하사 높은 곳을 거닐 그날을 주실 것이다. 눈을 들어 주님을 바라보라. 할 수 있는 일을 하라. 하나님이 주신 너무나도 아름다운 선물, 마법 같은 그 선물, 내 인생의 모든 아픔을 바꿔놓을 수 있는 하나님의 선물을 감사하며 기대하라.

감사를 저축하면
행복이 쌓인다

(시 30:1-5, 단 6:10)

◆

행복

저축

우리 가정에 무엇이 있으면 행복해질까? 성경적인 가정이 되려면 무엇이 있어야 할까? '존중'이라는 단어를 가슴에 새기면 된다.

조찬 모임이 있는 날이면, 새벽기도를 마치자마자 모임 장소로 출발한다. 교통 체증을 고려해서 일찍 나서는 것이다. 서

내 생애 마지막 한 달

울에 들어설 때마다 그 이른 아침에도 차가 많다는 것에 늘 놀란다. 이 많은 차들은 다들 어디를 향해 바쁘게 가는 것일까? 직장에 가거나 회의에 가거나 또 누군가를 만나러 갈 것이다. 부지런히 저마다의 목적지를 향해 가고 사람들을 만나러 갈 것이다. 이들이 이렇게 부지런히 움직이는 이유가 있다. 바로 '행복'이다. 사람들은 행복을 위해 분주하게 움직인다.

세상 모든 사람은 행복하게 살기 원한다. 돈을 벌기 위해 회사에 가는 것도, 공부하러 학교에 가는 것도 행복하기 위해서다. 사람들에게는 '이렇게 하면 행복할 거야, 저렇게 하면 행복할 거야.'라는 저마다의 행복론이 있다.

나는 하나님의 자녀 된 자의 가장 성경적인 행복을 얘기하고 싶다. 여러분의 생애에서 가장 큰 행복은 예수 믿고 구원받은 것이다. 이것이 영원한 복이다. 땅에 있는 모든 것은 잠시 잠깐의 행복이지만, 예수님 믿고 구원받은 복은 영원한 행복이다. 우리는 이미 영원한 복인 원천의 복을 가지고 있다. 우리 삶의 소소한 행복은 구원에서 파생된 부스러기일 뿐이다. 행복의 부스러기를 누리면서 살아가는 것이 우리 모습이다.

이 세상에는 이해하기 어려운 이상한 법칙이 있다. 나쁜 것은 노력하지 않아도 저절로 되고 좋은 것은 저절로 되지 않는다는 것이다. 애쓰고 힘쓰고 노력해야 좋은 결과를 얻을 수 있다.

누구나 정원이 있는 예쁜 집을 꿈꾼다. 그런데 아무리 예쁜 정원도 가꾸지 않고 한두 달 버려두면 잡초가 무성하고 수풀 더미가 되어 형편없게 된다. 아무리 좋은 재료로 멋지게 집을 지었어도 방치해 두면 흉가가 된다. 가정도 그렇다. 관심을 두지 않고 내버려 두면 가정은 황폐해진다. 좋은 가정을 만들기 위해서는 무엇이 필요할까?

> 너는 먹을 모든 양식을 네게로 가져다가 저축하라
> 이것이 너와 그들의 먹을 것이 되리라(창 6:21).

이 구절은 노아에게 하신 말씀으로 장차 올 홍수에 대비해 방주에서 가족들이 먹을 양식을 저축하라는 것이다. 먼저 저축하고 먹어야 한다. 성경은 저축이 모든 사람이 살아가면서 적용할 아주 기본적인 법칙이라고 한다.

◆

인생의 뜨락에 내리는
만나

자연은 우리에게 많은 것을 가르쳐준다. 다람쥐는 가을에

겨우내 먹을 도토리를 모은다. 동물들은 겨울이 오기 전에 양식을 준비한다. 나무와 꽃도 겨울이 오기 전에 준비한다. 우리 인생도 마찬가지다. 어려울 때를 대비해 무언가를 준비하는 것은 중요하다. 최근 코로나19로 힘들어 하는 사람들이 늘고 있다. 특히 경제적인 어려움에 처해 있다. 경제가 어렵다는 것은 기업은 수익이 줄고 가정은 수입이 줄어들었다는 의미다. 그런데 우리는 줄어든 수익과 수입만 생각하지 지출을 줄일 생각은 하지 않는다. 직장인들은 월급만으로는 부자가 될 수 없어 로또를 산다. '이 월급 받아서 언제 돈 모으겠나?' 싶은 생각으로 로또를 산다. 왼쪽 주머니에는 로또, 오른쪽 주머니에는 사표를 품고 다닌다. 로또가 당첨되어 사표를 쓰는 날이 오면 과연 행복할까?

여러분의 행복은 언제 올 것 같은가? 행복은 어떤 목적지에 도착하면 거기에 있는 것이 아니다. "내 아이 대학만 보내면 행복할 거야." "내 아이 결혼시키면 행복할 거야." "사업이 저 고지에 오르면 행복할 거야." 그러나 행복은 저 멀리 있지 않다. 행복은 매일 아침 내 인생의 뜨락에 내리는 만나이다. 내 삶의 여정 속에서 매일매일 그 행복을 누릴 수 있다.

심리학자들이 말하는 행복론, 철학자들이 말하는 행복론을 요약하면 한 가지 공통점이 있다. 바로 행복은 내가 느끼는 것이라는 것이다. 기뻐하며 만족을 누리는 감정이 행복이다. 어떤 모양이 있는 것도, 잡히는 것도, 냄새가 있는 것도 아니지만, 내 마음이 '좋다.'고 느끼는 감정, 아침에 떠오르는 태양을 보며 '너무 좋다.'고 느끼는 것이 행복이다.

매일의 여정 속에서 우리는 행복을 누릴 수 있다. 그러나 내 마음이 상하면 느끼지 못한다. 몸에 병이 나면 맛있는 음식을 먹어도 그 맛을 모른다. 내 마음이 상해 있으면 아름다운 꽃의 향기에도, 눈부신 아침햇살에도 행복을 느끼지 못한다. 좋은 일이 생겨도 별 감흥이 없다. 정말 기쁘고 재미난 일이 있어도 웃을 줄 모른다. 사람의 마음이 상하고 굳어 있으면 감정 표현이 되지 않는다. 슬퍼도 눈물이 안 나고 기뻐도 환하게 웃지 못한다. 그들의 마음 창고에 고통, 슬픔, 아픔, 분노, 후회라는 감정들이 자리 잡고 있기 때문이다. 행복은 느낌이고 감정이다.

◆

후회와
두려움

우리에게는 수많은 감정이 있다. 그 중에서 행복을 방해하는 두 가지 감정에 대해 이야기하려고 한다. 먼저 후회다. 지난날에 대한 후회의 감정에는 여러 요소들이 있다. 별일들이 다 있다. 지나온 삶의 여정을 돌아보며 '아, 정말 그때 잘못했지?' 하며 후회한다. 부모는 자식에게 늘 미안한 마음이 든다. 자식의 일이 잘못되면 내가 잘 키우지 못해서 저렇게 된 건 아닐까, 도움이 되지 못한 것은 아닐까 후회한다. 자식은 부모가 이 세상을 떠나면 있을 때 못다 한 효도 때문에 후회한다.

또 하나의 감정은 두려움이다. 뭔가 불안하고 두렵다. 우리 애가 잘못되면 어떡하지, 사업이 망하면 어떡하지, 내 몸에 병이 들면 어떡하지, 과거는 후회하고 미래는 불안해한다. 이 두 감정이 우리를 사로잡고 있다. 후회는 과거의 것이고, 두려움은 미래의 것이다. 이 두 감정이 우리 발목을 잡고 우리 앞길을 막는다.

여러분이 진짜 원하고 바라는 것은 과거가 아니라 미래에 있다. 그런데 후회가 되는 과거가 우리 발목을 잡고, 우리가 원하는 것이 있는 미래에 대해서는 불안하다. 그러니 오늘 할 수 있는 일이 별로 없다. 후회하고 불안해 하는데 어떻게 오늘을 충실히 살 수 있겠는가?

구약을 대표하는 믿음의 사람 다윗도 후회와 두려움이 있었다. 그의 노년에 살아온 날을 돌아보니, 어느 것 하나 하나님 은혜가 아닌 것이 없다는 마음으로 〈시편〉 30장을 노래했다. 한 절 한 절 속에 우리가 느끼는 아픈 감정들이 들어가 있다.

여호와여 내가 주를 높일 것은 주께서 나를 끌어내
사 내 원수로 하여금 나로 말미암아 기뻐하지 못하
게 하심이니이다(시 30:1).

어디서든 주님께서 다윗을 끌어내 주신다. 가만히 두면 죽
었을 텐데, 너무 고통스러워서 죽었을 텐데, 주님께서 다윗을
끌어내셨다는 것이다. 어디에서 끌어냈을까?

여호와여 주께서 내 영혼을 스올에서 끌어내어 나를
살리사 무덤으로 내려가지 아니하게 하셨나이다
(시 30:3).

스올에서 끌어내어 다윗을 살렸다. 스올은 가장 고통스러운
장소나 음부를 말한다. 몹시 고통스러운 순간에서 다윗을 끌어
냈다는 것이다. 다윗의 상한 마음을 느낄 수 있는 구절이다. 스
올에 처한 아픔을 우리는 알 수 없다. 그러나 사울 왕으로부터
의 죽음의 위협, 아들 압살롬의 반란 사건 등 다윗은 수많은 어
려움을 겪었다는 것은 안다. 육체의 병인지 마음의 병인지는
모르지만, 스올 같은 고통이 다윗을 괴롭게 했다.
주님은 고통 속에서 우리를 끌어내 주시는 분이다. 세상에
아픔이 없는 사람은 없다. 과거에 대한 미련과 미래에 대한 두

려움이 없는 사람도 없다. 우리는 그런대로 살아가는 것이 아니라 기억의 창고 속에 있는 아프고 잡다한 감정들을 잘 정리하면 얼마든지 행복하게 살아갈 수 있다.

스올 같은 아픔, 몸과 마음의 아픔, 절망, 두려움 속에서 우리는 어떻게 해야 할까? 어떻게 하면 벗어날 수 있을까? 2절에서 다윗은 이야기한다.

> 여호와 내 하나님이여 내가 주께 부르짖으매 나를
> 고치셨나이다(시 30:2).

다윗은 고통 속으로 하나님을 초대한다. 주님의 이름을 부르면서 '주님, 내 삶의 현장으로 오세요.' 여러분의 기억 창고에 하나님을 초대해서 하나님이 삶의 현장에 오시면, 아픔과 고통은 더 이상 문제가 되지 않는다. 우리에게는 엄청난 시련이지만 하나님께서 함께하시면 아무것도 아니다. 하나님이 오시면 스올 같은 문제도 아무것도 아닌 것이 된다.

> 제자들이 나아와 깨워 이르되 주여 주여 우리가 죽
> 겠나이다 한대 예수께서 잠을 깨사 바람과 물결을
> 꾸짖으시니 이에 그쳐 잔잔하여지더라(눅 8:24).

예수님이 제자들과 갈릴리 호수를 건너가실 때 큰 풍랑이 일어났다. 거센 파도에 배가 뒤집혀 죽을 것 같았다. 갈릴리 호수에서 자란 경험이 많은 뱃사람들인 제자들이 애써보았지만 소용없었다. 제자들은 급히 주무시는 예수님을 흔들어 깨웠다. 예수님께서 일어나셔서 바람과 바다를 꾸짖었다. 그러자 바로 풍랑이 잠잠해졌다. 예수님이 우리 삶의 현장에 개입하시면 어떤 풍랑도 그분의 말씀 앞에서 잠잠해진다.

감당할 수 없는 큰 물결이 덮쳐도 주님이 오시면 아무것도 아닌 것이 된다. 우리 삶에 주님을 개입시키기 바란다. 그뿐만 아니라 신실한 하나님을 믿기 바란다. 지난날도 우리 미래도 하나님의 손이 함께하시면 아무 문제가 없다. 한쪽 문이 닫히면 반드시 다른 쪽 문이 열리는 법이다. 안타깝게도 사람들은 닫힌 문을 보며 애통해하다가 다른 쪽 문이 열리는 것을 보지 못한다. 하나님은 〈시편〉 30장 5절에서 이렇게 말씀하신다.

그의 노염은 잠깐이요 그의 은총은 평생이로다 저녁에는 울음이 깃들일지라도 아침에는 기쁨이 오리로다.

'잠깐'과 '평생' 두 단어를 넣으셨다. 우리가 때때로 실수할 때, 하나님은 노여워하시겠지만 그것은 잠깐이다. 하나님의 은

내 생애 마지막 한 달

혜와 은총은 영원하다. 우리는 하나님의 선하심을 믿어야 한다. 하나님의 손이 함께하시면 그분의 은혜 또한 영원하다. 저녁에는 울음이 기습할지라도, 저녁에는 잠이 안 와서 고통스러워도 하나님의 손이 함께하기 때문에 반드시 기쁨의 아침이 올 줄 믿는다. 다윗은 스올의 고통 중에서도 하나님을 믿었다. 기쁨의 아침이 올 줄 믿은 것이다.

◆

축복의
창문

우리는 고통 중에 주를 향한 축복의 창문을 열어야 한다. 이번 코로나19의 긴 시간을 지나오면서 〈다니엘〉 6장 10절은 큰 은혜가 되었다.

> 다니엘이 이 조서에 왕의 도장이 찍힌 것을 알고도 자기 집에 돌아가서는 윗방에 올라가 예루살렘으로 향한 창문을 열고 전에 하던 대로 하루 세 번씩 무릎을 꿇고 기도하며 그의 하나님께 감사하였더라.

다니엘은 어려움 중에 축복의 문을 열었다. 예루살렘에서 바벨론 포로로 잡혀 와 있는 다니엘은 이국 땅에서 고국을 그리워하며 하나님의 성전을 향해 하루에 세 번 예배를 드렸다. 그런데 이제는 예배할 수가 없다. "누구든지 자기 신에게 예배하는 자들을 사자 굴속에 던진다."는 포고령 때문이다. 문을 닫고 커튼을 치고 아무도 모르게 예배하면 되지 않을까? 그런데 다니엘은 그렇게 하지 않았다. 창문을 열고 늘 하던 대로 하루에 세 번 하나님께 기도하며 감사했다. 그가 예루살렘을 향해 창문을 열 때마다 하나님은 다니엘의 예배를 받으셨다. 다니엘은 축복의 문을 연 것이다.

> 이 다니엘이 다리오 왕의 시대와 바사 사람 고레스 왕의 시대에 형통하였더라(단 6:28).

왕이 두 번 바뀔 동안에 다니엘은 여전히 총리 자리에 있었고 형통하였다. 바벨론 느부갓네살 왕 때 잡혀간 다니엘은 느부갓네살 왕, 베사살 왕, 다리오 왕, 고레스 왕과 함께한 형통한 사람이었다. 그는 어떤 상황에서도 축복의 문을 열 줄 알았다. 주님 앞에서 믿음의 문, 축복의 문을 연 것이다. 그가 형통한 비결은 무엇일까? 존중이다. 〈사무엘상〉 2장 30절은 존중에 대해 말한다.

나를 존중히 여기는 자를 내가 존중히 여기고 나를 멸시하는 자를 내가 경멸하리라.

다니엘은 하나님을 존중하였다. 하나님께 예배하면 사자 굴에 던져진다는 것을 알았지만 하나님을 존중한 그는 이전처럼 창문을 열고 예배드렸다. 존중의 구체적인 표현은 예배이고 감사다. 존중한다는 것은 말에 있지 않고 감사에 있다. 감사하면 주변 사람이 행복해한다. 하지만 그 전에 내가 먼저 행복해진다. 잘 자라준 자녀에게 그리고 늘 내 곁에 있어준 배우자에게 고마움을 표현하기 바란다.

새벽마다 하나님 전에 나오면 피곤할 때도 있고 힘들 때도 있다. 하지만 하나님 은혜에 너무 감사하다. 살아온 날을 돌아보니 내가 열심히 살았던 것 같은데 하나님께서 나를 도우신 것이었다. 하나님의 은혜였다. 그러니 모든 것에 감사할 뿐이다. 앞으로도 하나님의 은혜로 살아갈 것을 생각하니 감사하다. 하나님께 감사할 때 우리는 과거와 지금은 물론 미래에도 하나님의 은혜를 받을 것이다.

아무리 후회해도 과거는 바꿀 수 없다. 염려한다고 미래가 달라지지 않는다. 하지만 한 가지 방법이 있다. 하나님의 이름을 부르고 하나님께 감사할 때 아픈 과거는 하나님 은혜로 아름답게 채색될 것이다. 감사할 때 하나님의 은혜가 물밀 듯 밀려오고 두려움이 사라질 것이다. 감사는 여러분의 삶을 풍요롭게 하는 하나님의 비밀이다.

> 이는 잠잠하지 아니하고 내 영광으로 주를 찬송하게
> 하심이니 여호와 나의 하나님이여 내가 주께 영원히
> 감사하리이다(시 30:12).

다윗은 잠잠할 수 없었다. 여호와 하나님이여, 내가 영원히 주를 찬송하고 영원히 주께 감사하겠다고 결심한다. 우리도 다윗처럼 감사하기로 결심하자. 감사를 저축하면 행복이 쌓인다. 우리 모두 하나님을 향한 축복의 문을 열고 선하신 하나님을 믿으면서 그분의 은혜에 감사하자. 여러분의 삶이 형통할 것이다.

4부

소망이 있는 삶

5년 후 오늘!
어떤 사람이 되어 있을까?

(행 2:14-21)

5%에
집중하기

6월은 한 해의 반환점이다. 신년에 나름대로 결심도 하고 새로운 계획도 세우지만 한 해의 반을 지나면서 잊기도 한다. 이쯤에서 우리는 느슨해진 신발 끈을 다시 매야 한다.

나는 일 년에 한 달은 교회를 떠나 재충전의 시간을 가진다. 사역 현장을 떠나 한적한 곳에서 지난 시간을 잘 지내왔는지,

사역은 충실하게 하고 있는지, 교회는 바르게 가고 있는지를 돌아본다. 떠나 있으면 보이는 것들이 있다.

우리가 하는 일의 80%는 누구나 하는 일이고, 할 수 있는 일이다. 10%는 조금만 훈련하면 누구나 할 수 있는 일이다. 그리고 5%는 전문적인 고도의 훈련이 필요한 일이다.

80%는 누구나 할 수 있는 일이고, 10%는 약간의 훈련이 필요한 일이고, 5%는 전문 훈련을 받아 할 수 있는 일이다. 그렇다면 나머지 5%는 무슨 일일까? 내가 아니면 누구도 할 수 없는 일이다. 많은 사람이 내가 아니면 할 수 없는 5%에 집중하지 않고, 누구나 할 수 있는 80%, 90%에 집중하며 정신없이 바쁘게 산다. 그러다 세월이 흐른 후에 '인생 잘못 살았구나.' 후회한다. 바로 그런 일들이 5%에 있다. 이 5% 일에 집중하지 않아서 생기는 것이다. 그럼 내가 아니면 할 수 없는 일은 무엇일까? 나만이 할 수 있는 일은 무엇일까?

첫째, 내 가족을 돌보는 일이다. 사랑하는 아내, 사랑하는 남편을 돌보는 일은 내가 아니면 누구도 대신할 수 없다. 아내를 사랑하는 일을 남편이 하지 않으면 누구 하겠는가? 아무도 못한다. 남편을 존중하는 일은 아내가 아니면 할 수 없는 일이다.

둘째, 내 영혼을 돌보는 일이다. 하나님과 나와의 일대일의 관계를 돌보는 일이다. 내 영혼을 잘되게 하는 것은 그 누구도 대신할 수 없다. 부모도 못 해준다.

셋째, 내 몸을 돌보는 일이다. 내 몸을 돌보는 것은 나 아니면 할 수 없다. 좋은 음식을 먹고, 적당하게 휴식하고, 운동하면서 내 몸을 돌볼 수 있는 사람은 자기 자신뿐이다.

그런데 우리는 내가 아니면 할 수 없는 5%의 일을 제쳐놓고 나머지 일에 집중하며 바쁘게 살아간다. 얼마나 바쁜가보다 중요한 것은 무엇 때문에 바쁜가이다. 만약 여러분이 5%의 일로 바쁘게 산다면 삶은 더욱 업그레이드되고 풍성해질 것이다.

우리 교회는 매년 6월 마지막 주일을 초청 전도 주일로 지킨다. 이날은 영화 예배를 드린다. 회의를 통해 영화를 선정하고, 영화 포스터를 붙인다. 1층 로비에 포토존도 만든다. 그리고 마지막 주일에 영화를 상영한다. 내가 영화 한 부분에 출연하는데, 짧은 분량을 촬영하기 위해 퇴촌 남종면에 있는 시골집에 갔다. 아역 배우와 촬영을 하는데 놀랄 정도로 아이가 연기를 잘했다.

영화에 출연하는 배우들은 작가가 써준 대본대로 연기한다. 대본에 슬픈 내용이 나오면 울고, 기쁜 내용이 나오면 웃는 연기를 한다. 대본은 다른 사람의 인생 이야기다. 남의 인생을 내 인생인 것처럼 연기하는 것이다.

사람들은 다른 사람의 인생에 관심이 많다. 남의 이야기나 인생을 들여다보면 재미가 있기 때문이다. 그래서 영화나 드라마를 좋아하는 것 같다. 남의 인생에는 그렇게 관심이 많은데 정작 내 인생은 왜 돌아보지 않는가? 내 인생을 방치해서 마음에 기쁨과 행복이 없는 것이다. 예수님께서 〈마가복음〉 8장 36절에서 말씀하셨다.

> 사람이 만일 온 천하를 얻고도 자기 목숨을 잃으면
> 무엇이 유익하리요.

'자기 목숨'을 말씀하신 것은 그만큼 내가 중요하다고 강조하시는 것이다. 성공하고, 영광도 얻고, 명예를 얻어도 나를 잃어버리면 아무것도 아니라는 것이다.

37절에서 "사람이 무엇을 주고 자기 목숨과 바꾸겠느냐."라고 말씀하신다. 5%의 일이 너무 중요하고 그 일에 집중할 때 사람은 비로소 성장하고 넉넉한 행복을 가슴에 품고 살아갈 수 있다.

그러면 5년 후, 우리는 어떤 사람이 되어 있을까? 지금 자기 자신에게 이 질문을 해야 한다. 대부분의 사람은 자기 인생을 사랑한다고 하면서도 성찰하고 질문하지도 않는다. 반면에 남의 인생에는 관심이 많다. "저 사람 지금 뭐 하는 거지?" "저 드라마 앞으로 어떻게 될까?"

삶을 돌아보면서 스스로에게 질문해 보기 바란다. 좋은 질문은 좋은 답을 불러온다. '이렇게 살면 연말이나 5년 후에는 어떤 사람이 되어 있을까?' 내 속에서 진지하게 대답을 만들어내고 많은 생각을 하게 될 것이다. 성공하는 사람들은 현재에 만족하지 않고 더 좋은 질문을 자기에게 던지고 더 나은 해답을 찾아간다.

◆

세월은
모든 것을 바꾼다

5년 후, 우리는 어떤 사람이 되어 있을까? 5년이라는 기간은 의미가 있다. 5년은 시행착오를 한두 번 겪더라도 약간의 성과를 이룰 수 있는 적당한 시간이다. 프로젝트를 만들고 이 프로젝트를 적용해서 결론을 얻을 수 있는 기간이 5년 정도 된다. 그래서 우리 나라 대통령 임기가 5년이고, UN 사무총장의 임기도 5년이다.

5%, 5년이라는 개념을 가슴에 담고, 5년 후에 '나는 이 땅에 어떤 존재로 살아가고 있을까?'를 생각해 보기 바란다. 누구에게나 주어진 이 5년은 가만히 있어도 흘러가고, 뭔가를 해도 흘러간다.

세월은 많은 것을 바꾼다. 시간은 하나님께서 주신 묘약이다. 세월이 가면 아팠던 상처가 서서히 잊히면서 아물어간다.

힘들었던 일도 세월이 지나면 아무것도 아닌 것처럼 느껴진다. 그래서 세월은 '하나님이 주신 위대한 의사'라고 할 수 있다. 힘들고 어려울 때는 잘 버티는 것이 중요하다. 버티고 견디고 인내하면 모든 것은 지나가기 마련이다. 오늘 애통한 일도 세월이 지나면 담담하게 받아들일 수 있다. 견딜 수 없는 아픈 상처도 세월이 가면 다 잊힌다. 믿음의 눈으로 주님을 바라보고 잘 견디기 바란다.

그런데 세월이 가서 아픈 상처를 치유하는 것만이 목적이 아니다. 생존하는 인생이 우리 목적이 아니다. 우리는 하나님의 창조 원리에 따라 번성하고 창조적인 삶을 살아야 한다. 어쩔 수 없이 생존하기 위해 애쓰는 인생을 하나님은 원하시지 않는다. 하나님은 우리가 넉넉히 이기고 뛰어넘는 사람이 되기를 원하신다.

우리는 잘 견딜 뿐만 아니라, 흐르는 세월의 강에 자신을 맡겨둘 것인지, 아니면 내가 노를 저을 것인지를 결정해야 한다. 흘러가는 대로 맡겨두면 어딘가에 도착은 할 것이다. 그러나 그 도착 지점이 어디인지는 모른다. 바다로 가 표류할 수도 있고 개울물에 처박힐 수도 있다. 폭포 아래로 떨어질 수도 있다. 세월의 강에서 내가 노를 저으면 내가 원하는 곳에 도착할 수 있다. 5년 후에 나는 어떤 사람으로 이 땅에 존재할까에 대한 답은 여러분의 의지에 달려 있다. 〈에베소서〉 5장 15절은 흐르는 세월 속에서 어떻게 살 것인가에 대해 말한다.

> 그런즉 너희가 어떻게 행할지를 자세히 주의하여 지
> 혜 없는 자 같이 하지 말고 오직 지혜 있는 자 같이
> 하여.

어리석고 지혜 없는 사람은 흐르는 세월 속에 그냥 흘러간
다. 성경은 그렇게 살지 말라고 한다.

> 세월을 아끼라 때가 악하니라(엡 5:16).

세월을 아낀다는 것은 흘러가는 대로, 되는 대로 살지 말라
는 것이다. 흘러가는 대로 살면 쉽고 편하겠지만 원하는 장소
에는 도착할 수 없다. 흘러가든지 노를 젓든지 실천은 여러분
의 몫이다.

◆

꿈을 꾸면
하나님이 축복하신다

하나님은 지금보다 더 빛나는 눈부신 내일을 꿈꾸는 사람을 축복하실 것이다. 내가 꿈을 꾸면 하나님이 축복하신다.

우리가 믿는 하나님은 삼위가 있다. 신비의 하나님을 인간의 언어로 설명하기는 참 어렵다. 삼위의 하나님은 성부 하나님, 성자 예수님, 보혜사 성령님이시다. 그래서 성부, 성자, 성령을 삼위라고 한다. 여호와 하나님을 말할 때는 성부 하나님이다. 예수님을 말할 때는 성자 예수님이고, 보혜사를 말할 때는 성령 하나님이다. 성부 하나님이 "내가 너희를 선택하겠다. 내 자녀로 삼겠다."라고 우리를 예정하셨다. 하나님이 자기 자녀를 위해 성자 예수님을 통해 십자가에서 구속하셨고 피 흘려서 구원의 길을 열었다. 그리고 성령 하나님이 오셔서 우리로 하여금 예수님을 믿게 하셨다.

'예수님이 십자가에서 죽으시고 부활한 것이 나를 위한 것이구나.' 하는 마음의 감동을 따라 믿게 하시는 분이 성령님이다. 성부 하나님, 성자 예수님, 성령 하나님이 '나'라는 존재를 구속하셨다. 성자 예수님께서 이 땅에 오셔서 십자가에 죽으시고 부활하셨고 승천하셨다.

내가 아버지께 구하겠으니 그가 또 다른 보혜사를
너희에게 주사 영원토록 너희와 함께 있게 하리니

(요 14:16).

'다른 보혜사'는 "내가 가면 보혜사 성령님이 와서 너희와 영원히 함께 있게 하겠다."는 예수님의 약속이었다. 그 약속대로 〈사도행전〉 2장 4절에 성령님이 오셨다. 마가 다락방에 120명의 문도가 모였는데 성령이 임하여 그들 모두 성령 충만을 받았다.

> 그들이 다 성령의 충만함을 받고 성령이 말하게 하
> 심을 따라 다른 언어들로 말하기를 시작하니라.

유월절이 되니 사람들이 각 나라에서 예루살렘 성으로 몰려왔다. 나라마다 언어가 달라서 누군가 통역해야 했다. 그런데 예수님의 제자들에게 성령이 임하자 통역 없이 말하고 들을 수 있는 거룩한 역사가 일어났다. 예수님의 약속대로 이 땅에 성령님이 오신 것이다. 성령 충만을 받은 베드로가 그 곳에 모인 청중들을 향해 설교했는데 오늘 본문 말씀이다.

> 하나님이 말씀하시기를 말세에 내가 내 영을 모든
> 육체에 부어 주리니 너희의 자녀들은 예언할 것이요
> 너희의 젊은이들은 환상을 보고 너희의 늙은이들은
> 꿈을 꾸리라(행 2:17).

예수님이 오시기 전에는 모든 육체에 성령이 부어질 수가 없었다. 예수님이 오셔서 십자가에서 죽으시고 구속의 길을 열어놓은 후에 "내가 성령을 보내주겠다."고 말씀하셨다.

〈요엘〉서에 이 말씀이 인용되었는데 예수님 이후에 모든 육체에 성령을 부어 준다는 것이다. 성령님이 오시면 누구든지 예수님을 믿게 된다. 성령님이 오시기 전에는 예수님을 믿을 수 없었다. 성령님이 오셔서 예수님을 믿을 뿐만 아니라 자녀들이 예언을 하고, 청년들이 환상을 보고, 노인들은 꿈을 꾸기 시작한다. 예언과 환상과 꿈은 과거가 아니라 미래의 이야기다. 은혜를 받으면, 성령을 받으면 뭔가 잘될 것 같고 담력이 생기고 긍정의 말이 선포된다. 성령 하나님이 오시면 꿈을 꾸게 하시고 꿈을 꾸면 하나님이 축복하신다.

> 그들이 평온함으로 말미암아 기뻐하는 중에 여호와
> 께서 그들이 바라는 항구로 인도하시는도다
> (시 107:30).

그들이 꿈꾸고 원하고 소원하고 '바라는 항구로' 하나님이 인도하신다. 꿈을 꾸면 하나님이 축복하신다.

네 마음의 소원대로 허락하시고 네 모든 계획을 이

루어 주시기를 원하노라(시 20: 4).

하나님은 우리가 꿈꾸는 것을 허락하시고 기뻐하신다. 마음의 소원은 꿈이다. 하나님은 그 꿈을 허락하시고 "네 모든 계획을 이루어 주시기를 원하노라."고 하신다. 우리는 하나님의 성령을 받았다. 하나님께서 가슴을 뜨겁게 하고, 내 미래의 가능성을 보여 주시면 생기가 돈다. 그럴 때 구체적으로 계획을 세우라는 것이다. "네 모든 계획을 이루어 주시기를 원하노라."는 말씀을 신뢰해야 한다. 하나님은 우리 마음의 소원을 허락하실 뿐만 아니라 우리의 계획대로 이루시기를 원하신다.

밤에 잘 때 꾸는 꿈은 무의식의 꿈이고, 낮에 맑은 정신으로 꾸는 꿈은 의식의 꿈이다. 의식의 꿈은 계획이다. 밤에 꾸는 꿈도, 낮에 꾸는 계획도 하나님께서 "네 마음에 소원대로 허락하시고 네 모든 계획을 이루어 주시기를 원하노라."고 말씀하신다. 우리에게는 '5년 후, 나는 어떤 사람이 되어야겠다.'는 꿈과 계획이 필요하다.

《성격을 바꾸면 성공이 보인다》라는 책에 어떤 부부의 이야기가 나온다. 이제 막 결혼한 젊은 부부는 서로를 아끼고 사랑했다. 1년쯤 지난 후에 남편이 "우리 갈라서자. 헤어지자."고 말했다. 기타를 잘 치는 남편은 매일 혼자서 이별 노래를 부르다 보니 마음에 이별이 차곡차곡 쌓였다. 입으로 말하는 것이 쌓여서 아내에게 "우리 헤어지자."고 선언한 것이다.

사람은 신비한 존재다. 하나님은 말씀으로 세상을 만드셨다. 하나님의 형상으로 만들어진 우리에게는 입의 권세, 말의 권세가 있다. 말이 내 인생을 끌고 간다.

인디언들은 같은 말을 2만 번 반복하면 현실이 된다고 믿는다. 우리가 말한 대로 선포한 대로 인생이 그렇게 간다는 것이다. 예수님께서 〈마가복음〉 11장 23절에서 말씀하셨다.

> 내가 진실로 너희에게 이르노니 누구든지 이 산더러 들리어 바다에 던져지라 하며 그 말하는 것이 이루어질 줄 믿고 마음에 의심하지 아니하면 그대로 되리라.

◆

하늘의
생기

우리는 중요한 말을 할 때 '진실'이라는 단어를 사용한다. "누구든지 이 산더러 들리어 바다에 던져지라."는 말은 안 되지만, 그 말을 하고 그 말하는 것이 이루어질 줄 믿고 마음에 의심하지 않으면 그대로 된다는 것이다. 이것이 말의 위력이다. 우리는 하루에도 수없이 많은 말을 하는데 그 말들이 내 인생을 끌고 간다. 우리에게 성령이 임하시면 예언적인 말을 한다. 가능성을, 꿈을, 미래를, 하나님의 능력을 이야기하게 된다. 반면에 성령이 없으면 늘 불평하고 부정적인 이야기만 한다.

꿈을 꾸고 내 꿈을 하나님이 축복하신다고 믿고 계획을 세워야 한다. 하지만 행하지 않으면 아무 소용이 없다. 행할 힘이 없을 때는 성령의 비를 맞아야 한다. 우리의 마음에, 메마른 내 영혼에 성령의 비를 맞으면 모든 것을 할 수 있게 된다. 하나님께서 환상 중에 에스겔을 큰 골짜기로 이끌었다. 골짜기에는 사람의 마른 뼈들이 가득했다. 그 뼈들은 심히 말라 있었다.

나를 그 뼈 사방으로 지나가게 하시기로 본즉 그 골짜기 지면에 뼈가 심히 많고 아주 말랐더라(겔 37:2).

희망이 없는 상황이다. 이 뼈들은 이스라엘 백성의 영적 상태를 의미한다. 당시 이스라엘 백성은 바벨론 포로로 끌려가 있었다. 그들은 하나님의 택한 백성으로서의 자존감, 하나님 백성으로서의 특권을 다 잃어버리고 슬픈 인생을 살아가고 있었다. 영적으로 마른 뼈, 즉 희망 없는 인생이라는 것이다. 가망 없는 인생을 하나님께서 에스겔에게 환상으로 보여 주신 것이다. 하나님께서 에스겔에게 물으셨다.

> 그가 내게 이르시되 인자야 이 뼈들이 능히 살 수 있
> 겠느냐 하시기로 내가 대답하되 주 여호와여 주께서
> 아시나이다(겔 37:3).

마른 뼈가 살아난다는 것은 상상할 수도 없는 일이다. 그러
나 우리는 에스겔을 통해서 사람은 할 수 없지만 하나님은 할
수 있다는 것을 알 수 있다. 모든 것이 가능한 하나님을 믿기
바란다. 내 생각으로는 안 되는 일이 있다. 현대 의학으로도 고
칠 수 없다고 한다. 그러나 하나님은 고치신다. 다음 절에 보면
마른 뼈가 살아나는 역사가 일어난다. 하나님께서 마른 뼈를
어떻게 살아나게 하셨는지 눈여겨보아야 할 말씀이다.

> 또 내게 이르시되 너는 이 모든 뼈에게 대언하여 이
> 르기를 너희 마른 뼈들아 여호와의 말씀을 들을지어
> 다(겔 37:4).

하나님께서 마른 뼈들에게 대신 말하라고 하신다.

> 주 여호와께서 이 뼈들에게 이같이 말씀하시기를 내

가 생기를 너희에게 들어가게 하리니 너희가 살아나 리라(겔 37:5).

에스겔이 뼈들을 향해 하나님 말씀을 선포했다. 뼈들이 살아나서 큰 군대가 되었다. 마른 뼈에 생기가 들어가면 살아나는 것처럼 메마른 우리 인생에 성령이 임하시면 우리도 살아난다. 절망 속에서도 하늘의 생기가 임하면 모든 것이 가능하다. 어떻게 생기가 들어오는가? 말씀을 들을 때 성령이 임한다. 매주일 말씀을 들을 때 생기가 우리 속에 들어오는 것이다. 〈사도행전〉 10장 44절에서 베드로는 이방인인 고넬료 앞에서 설교했다.

베드로가 이 말을 할 때에 성령이 말씀 듣는 모든 사람에게 내려오시니.

하나님 말씀을 들을 때 마른 뼈가 살아나고, 하나님 말씀을 들을 때 생기가 들어와서 우리 인생이 살아난다. 하나님의 은혜를 사모하기 바란다. 하나님 앞에 나아가고, 좀 더 가까이 나가고, 더 가까이 나가야 한다. 하나님을 사모하는 심령에 하나님의 생기가 임할 것이다. 주님의 이름을 부르며 기도하고 사모할 때 성령이 역사하실 것이다.

내 생애 마지막 한 달

성령이 오시면, 내 인생에 성령의 비가 내리면, 늦은 비와 이른 비가 내리면 모든 것이 끝난다. 젊을 때 이른 비를 맞았다면 나이 든 후에는 늦은 비가 필요하다. 이전에 내가 큰 은혜를 받아 이른 비를 맞았다면 지금은 늦은 비가 필요하다. 하늘에서 내리는 성령의 비를 맞으면 우리는 무슨 일이든 할 수 있다.

주께서 내게 이런 은혜를 언제 주실 줄 모르지만 날마다 주께 더 나아가고, 더 가까이 나아가고, 한 번 더 나아갈 때 내 영혼은 계속해서 살아날 것이다.

5년 후에 '나는 어떤 모습으로 이 땅에 존재할까?' 내가 아니면 할 수 없는 5%에 집중하자. 그러면 내 영혼이 살아나고 모든 것이 살아난다. 내 영혼이 새로워지면 주님은 "나머지 모든 것을 너희에게 더한다."고 말씀하신다. 사모하고 사모해서 여러분 모두 빛나고 눈부시고 가슴 벅찬 5년 후를 맞이하길 바란다. 입으로 선포하고, 선언하고, 하나님의 능력을 덧입어서 그날을 향해 걸어가기를 예수님의 이름으로 축복한다.

그대를 위한
희망 프로젝트

(마 6:25-34)

내 영혼의
갈망

하나의 문이 닫히면 다른 문이 열린다. 간절히 원하던 꿈이 좌절되면 모든 것이 끝난 것 같지만 그렇지 않다. 또 다른 문이 열린다. 사람들은 닫힌 문 앞에서 통곡하고 절망하지만, 하나님은 그분의 선하심과 인자하심으로 우리를 평생 끌고 가신다. 또 다른 문을 열어주시는 하나님을 믿어야 한다. 그분이 계시

내 생애 마지막 한 달

기 때문에 우리는 아무것도 염려할 필요가 없다.

괴테가 쓴 《파우스트》라는 유명한 고전이 있다. 주인공 파우스트는 자신의 마음속에서 두 개의 영혼, 즉 천사와 악마가 싸우고 있음을 괴로워한다. 인디언들은 이것을 '욕망'과 '필요'라고 말한다. 우리가 추구하는 것들, 내가 늘 열망하고 염려하는 것들을 가만히 따져보면 필요가 아니라 욕망일 때가 많다. 욕망 때문에 우리는 늘 고민한다. 예수님이 여리고를 지나가실 때 소경 바디매오가 예수님을 찾았다. 예수님이 바디매오에게 물으셨다.

네게 무엇을 하여 주기를 원하느냐 이르되 주여 보기를 원하나이다(눅 18:41).

앞을 못 보는 바디매오의 소원은 당연히 눈을 뜨는 것이다. 그런데 여기에서 소원이 끝나면 안 된다. 더 큰 것을 바라야 한다. 우리에게는 보이지 않는 또 하나의 소원이 있다. 내 영혼의 갈망이다. 우리는 이 두 개의 소원으로 세상을 살아간다. 〈누가복음〉 17장 27절은 노아 시대에 대해 말한다.

노아가 방주에 들어가던 날까지 사람들이 먹고 마시고 장가 들고 시집 가더니 홍수가 나서 그들을 다 멸망시켰으며.

노아는 오랫동안 방주를 지었다. 비가 내리기 직전에 가족들 모두 방주에 들어갔다. 노아가 방주가 들어간 후에 40일 동안 비가 내려 세상은 물에 잠겼고 모든 것이 멸망하였다. 그전까지 사람들은 먹고 마시고 장가들고 시집갔다. 먹고 마시고 장가들고 시집가는 것은 우리의 일상이다. 이 세상에 먹지 않는 사람 없고, 마시지 않는 사람 없다. 먹고 마시고 장가들고 시집가는 것이 필요 없는 것은 아니다. 그런데 더 중요한 것이 있다. 홍수가 나면 방주에 들어가야 한다는 사실이다. 그것을 잊고 눈앞의 것만 따라가면 멸망할 수밖에 없다. 대부분의 사람들은 눈앞의 소원만 좇아 살다가 일생을 보낸다. 예수님은 그보다 더 중요한 것이 있다고 말씀하신다.

그러므로 염려하여 이르기를 무엇을 먹을까 무엇을
마실까 무엇을 입을까 하지 말라(마 6:31).

홍수가 나기 전까지 사람들이 했던 일과 무엇을 먹을까, 무엇을 마실까, 무엇을 입을까는 같은 이야기다. 사람이 먹고 마시고 장가들고 시집가는 것은 삶이다. 예수님께서는 이런 것들이 필요 없다고 하지 않으셨다. 그러나 염려하지 말라고 하

내 생애 마지막 한 달

신다. "그것은 누구나 다 하는 거야. 네게 필요한 모든 것을 하나님께서 공급해 주실 거야. 당연한 것에 몰두해서 살면 안 된다."라고 말씀하시는 것이다.

하나님은 하늘에 나는 새보다, 들에 핀 백합화보다 예수 믿는 성도를 더 귀하게 여기신다. 하나님은 독생자 예수님을 십자가에 버리시고 우리를 구원하셨다. 그리고 우리는 하나님의 자녀가 되었다.

> 공중의 새를 보라 심지도 않고 거두지도 않고 창고에 모아들이지도 아니하되 너희 하늘 아버지께서 기르시나니 너희는 이것들보다 귀하지 아니하냐 너희 중에 누가 염려함으로 그 키를 한 자라도 더할 수 있겠느냐 또 너희가 어찌 의복을 위하여 염려하느냐 들의 백합화가 어떻게 자라는가 생각하여 보라 수고도 아니하고 길쌈도 아니하느니라(마 6:26-28).

예수님께서는 우리가 중요하게 여기는 것들을 모두 공급해 주신다. 그러니 염려할 필요가 없다. 먹고 마시고 입는 것은 이방인들이 구하는 것이라고 말씀하신다.

> 이는 다 이방인들이 구하는 것이라 너희 하늘 아버

지께서 이 모든 것이 너희에게 있어야 할 줄을 아시느니라(마 6:32).

하나님 아버지를 모르는 사람들은 먹고 마시고 입는 것 때문에 염려하며 살아간다. 그런데 우리에게는 인생을 책임져 주시는 하나님 아버지가 계신다. 하나님 아버지는 우리의 필요를 채워주시는 분이다.

여호와는 나의 목자시니 내게 부족함이 없으리로다 (시 23:1).

하나님이 필요를 다 채워주시기 때문에 우리는 만족할 수 있다. 우리의 필요를 채워주시는 하나님이 계시기 때문에 우리는 부족함이 없다.

나의 하나님이 그리스도 예수 안에서 영광 가운데 그 풍성한 대로 너희 모든 쓸 것을 채우시리라 (빌 4:19).

◆

하늘의 의를
구하는 삶

필요는 꼭 소용되는 바가 있는 것을 말한다. 하나님께서 우리의 모든 필요를 풍성하게 채워주시겠다고 약속하셨다. 그런데 우리는 필요 때문이 아니라, 욕망 때문에 염려하며 살아간다. 더 많은 것을 갖기 원하는 것이다. 하나님은 "너는 이것만 있으면 된다."고 하시는데 우리는 더 달라고 한다. 그래서 매일 염려하고 걱정하는 것이다. 하나님은 필요를 채우시는 분이지, 욕망을 채우시는 분이 아니다. 더 먹으려고, 더 좋은 것을 가지려는 욕망 때문에 우리는 염려하며 산다.

유기성 목사님이 쓴 《예수의 사람》에 나오는 이야기다.

1950년대 초반, 강원도 어느 산골에 상수라는 아이가 살았다. 상수는 큰아버지에게 고무신 한 켤레를 선물 받았다. 당시 고무신은 귀한 물건이었다. 신으라고 준 고무신을 아까워서 늘 손에 들고 다녔다. 애지중지하던 고무신에 흙이 묻어 개울에서 씻다가 그만 한 짝을 놓쳐버렸다. 고무신이 강물을 따라 흘러가는데 "내 고무신, 내 고무신." 하면서 어린 상수는 고무신을 따라 강 하류까지 내려갔다. 끝없이 내려가다 길을 잃어 집으로 돌아올 수가 없었다. 그때부터 졸지에 떠돌이 신세가 되었다.

50년이라는 세월이 흘러 어린 상수도 초로의 노인이 되었다. 어느 날 사람 찾는 TV 프로그램에 출연하게 되었다. 때마침 친형님이 그 프로그램을 보고 연락이 닿아서 극적으로 만나게 되었다. 노인이 되어 고향 집으로 돌아왔을 때, 어머니는 상수를 잃고 얼마 후에 돌아가셔서 뵐 수 없었고, 살아 계시는 아버지는 치매에 걸려 아들을 알아보지 못했다. 초로의 노인이 된 상수는 눈물만 뚝뚝 흘렸다.

여러분은 지금 무엇을 좇으며 살고 있는가? 나는 과연 무엇을 위해 분주하게 살고 있는지 생각해 보기 바란다. 먹고사는 문제에 자기 인생을 걸고 있다면 고무신을 쫓아가는 상수와 다를 바 없이 살고 있는 것이다.

> 멀고 험한 이 세상 길 소망 없는 나그네의 길
> 방황하고 헤매이며 정처 없이 살아왔네.
> 의지할 곳 없는 이 몸 위로받고 살고파서
> 세상 유혹 따라가다 모든 것을 다 잃었네.

뭔가 해보겠다고 쫓아다니다 모든 것을 잃을 수 있다. 주님은 "염려하지 말라. 필요한 것 내가 다 채워줄게."라고 말씀하신다. 그런데 우리는 고무신을 쫓아다니다 모든 것을 잃고 눈물 흘리는 초로의 노인처럼 살고 있지 않은가? 하나님은 우리가 이렇게 사는 것을 원치 않으신다.

다음은 그리스도인이라면 누구나 암송하는 구절이다. 이 말씀에 우리를 향한 하나님 마음이 들어 있다.

> 그런즉 너희는 먼저 그의 나라와 그의 의를 구하라
>
> 그리하면 이 모든 것을 너희에게 더하시리라(마 6:33).

하나님은 우리에게 즐겁고 기쁘고 행복하게 살아갈 수 있는 희망 프로젝트를 주셨다. 우리는 먼저 그의 나라와 그의 의를 구해야 한다. 먹고사는 문제에 매이면 아무것도 할 수 없다. 하나님 나라의 법칙, 하나님 나라의 방법, 하나님 나라의 희망 프로젝트는 '우선순위의 법칙'이다. 먼저 할 것은 먼저 하는 우선순위의 법칙, 이것이 하나님 나라의 법칙이다.

그런데 세상 나라 마귀는 순위를 바꾼다. 먹고사는 문제에 골몰하게 해서 하나님 나라의 일은 뒷전이 되게 한다. 눈앞에 있는 고무신을 쫓아가게 하고 먹고사는 문제에 몰두하게 한다. 이것이 마귀의 뜻이고 세상의 법칙이다. 하나님의 법칙은 "먼저 그의 나라와 그의 의를 구하라 그러면 이 모든 것은 따라온다."는 것이다. 그런데 사람은 먹고사는 문제가 해결되면 쾌락을 쫓고 누리려고 한다.

코로나 때문에 많은 사람이 주저앉았다. 어쩔 수 없이 가정에서 예배하는 사람이 있다. 그러나 핑계 삼아 주저앉는 사람도 있다. 코로나19가 지나가면 끝날까? 아마 또 다른 문제와 장애물이 우리를 가로막을 것이다. 그러면 그 사람은 영원히 주님과 멀어질 것이다. 우리의 믿음은 우리가 지켜야 한다. 눈앞에 있는 당장의 소원을 쫓아 살면 안 된다.

총신대학교 이관직 상담학 교수는 상담할 때 그 사람의 상태를 알기 위해 이런 질문을 한다. "만약에 하나님께서 세 가지의 소원을 들어준다면 당신은 어떤 소원을 말하겠습니까?" 당신이 말하는 그 세 가지 소원 안에 현재의 마음 상태와 삶이 있다.

대부분의 사람은 눈앞에 있는 소원을 이야기한다. 아픈 사람은 치유되기를, 집 없는 사람은 집을, 직장 다니는 사람은 승진을, 취업준비생은 직장 입사를, 결혼 적령기에 있는 청년들은 결혼을 이야기할 것이다.

그런데 이 모든 것은 잠정적 소원, 눈앞에 있는 소원이다. 잠정적 소원이 주는 기쁨은 오래가지 않는다. 잠시는 기쁘지만 시간이 지나면 또 다른 소원이 생기기 마련이다. 소원을 따라가다 일생이 끝날 수도 있다. 하나님은 그렇게 살지 말라고 하신다. 그것은 다 이방인들이 구하는 것이라고 말씀하신다.

우리는 영원한 소망, 영원한 소원을 품어야 한다. 하나님을 갈망하는 소원을 가져야 한다. 하나님을 더 깊이 알고, 하나님을 경험하고, 하나님의 기쁨을 누리는 것이 성도들의 우선순위가 되어야 한다. 먼저 그의 나라를 구하는 행복 프로젝트, 희망 프로젝트는 하나님을 알아가고 하나님의 기쁨을 누리고, 추구해야 하는 하나님의 프로젝트다.

> 주께서 내 마음에 두신 기쁨은 그들의 곡식과 새 포도주가 풍성할 때보다 더하니이다(시 4:7).

내가 어떤 소원을 이루었을 때의 기쁨보다 주께서 주신 기쁨이 더 크다. 곡식과 포도주가 중요했던 구약시대, 농사짓는 농경시대에는 많은 곡식을 거두는 것보다 큰 기쁨은 없었다. 하지만 그 기쁨도 주님이 주시는 기쁨과는 비교할 수 없다.

주님의 기쁨을 누리며 세상에서 행복하게 살기를 원하시는 하나님의 희망 프로젝트가 여기 있다. 먹는 문제, 마시는 문제가 필요 없는 것이 아니라 그것이 우선되면 안 된다는 것이다. "너희는 먼저 할 일이 있다. 영원한 기쁨, 영원한 하나님의 은혜를 누리고 하나님을 깊이 알아가는 것이 더 중요하다."라고 말씀하신다.

> 그러므로 내일 일을 위하여 염려하지 말라 내일 일은 내일이 염려할 것이요 한 날의 괴로움은 그 날로

족하니라(마 6:34).

◆

오늘이라는
선물

인생을 바꾸는 한 단어가 있다. 바로 '오늘'이다. 하나님께서 오늘을 주셔서 인생을 바꾸도록 하셨다. 오늘을 바꾸면 인생이 바뀐다. 내 삶의 가장 중요한 선물이 있다면 오늘이다. 내가 바뀌면 모든 것이 바뀐다. 오늘부터 자신을 바꾸는 일에 희망을 걸어야 한다. 먹고사는 문제에 매달리지 말고 나를 바꾸는 일에 희망을 걸면 반드시 그 모든 것을 가질 수 있는 때가 올 것이다.

기적 중의 기적은 사람이 변하는 것이다. 나를 바꾸면 다 바뀐다. 나를 바꾸는 비결은 '오늘을 잡는 것'이다. 내일 일은 내일 걱정하고, 주님께서 주신 선물인 오늘을 잡아야 한다. '카르페 디엠(carpe diem)'은 지금 살고 있는 현재 이 순간에 충실하라는 뜻의 라틴어다. 우리말로는 '현재를 잡아라.'이다. 지금 이 순간을 즐겨야 한다.

요즘 젊은 세대들은 결혼해서 가정을 꾸리고 아이를 낳아 기르는 것이 너무 힘들다고 말한다. 코로나19가 잠잠해져서 금요 성령 집회를 다시 드리면 김애리라는 작가를 꼭 초청하고 싶다. 자연주의 화장품 대표이사이며 아이를 키우는 젊은 엄마다. 그의 책을 읽다가 마음에 와닿는 부분이 있어서 함께 나누고자 한다.

김애리 작가는 서울대학교 교수가 입학생들에게 "제군들, 공부도 좋고 취업 준비도 좋은데 20대가 가기 전에 책 천 권을 읽어 보세요. 장담하건대 여러분의 인생이 달라질 것입니다."라는 말을 듣고 독서를 결심했다. 본인이 서울대학교를 나온 사람은 아니지만 자기 이야기로 듣고 책 천 권을 읽었다. 천 권의 독서로 김애리 작가는 많은 것을 배우고 깨달았다고 한다. 김애리 작가는 읽는 것과 함께 쓰기도 중요하다고 말한다. 많은 여성이 명품 가방을 갖고 싶어 하고 아끼고 소중히 여긴다. 그런데 김애리 작가에게 가장 소중한 것은 그동안 쓴 노트라고 한다. 자신이 받은 석사 학위보다 노트가 더 소중하다. 만약 집에 불이 나면 제일 먼저 챙길 재산 목록 1호는 일기장이라고 한다.

많은 부모가 자녀를 영재로 키우고 싶어 한다. 그런데 최고의 영재 프로그램이 있다. 바로 독서다. 독서가 사람을 성장시킨다. 그런데 대부분의 사람들이 책을 잘 읽지 않는다. 그러면서 최고가 되고 싶어 하고 성공하고 싶어 한다. 사업을 하든, 직장을 다니든 그 일과 관련된 책을 200권 정도는 읽어야 한다.

그럼 그 방면에 전문가가 될 수 있다. 처음에는 다른 사람과 비슷해 드러나지 않지만 시간이 지나면 내공이 쌓여 두각을 드러낼 것이다.

우리는 모래알로 태어나지 않았다. 모래알과 씨앗은 다르다. 모래알은 생명이 없고 씨앗은 생명이 있다. 모래는 아무리 심어도 결과가 없지만, 씨앗은 결과가 나온다. 우리는 하나님의 가능성을 가지고 태어났다. 하나님이 주신 가능성을 가꾸는 것이 내가 할 일이고 몫이다. 나는 하나님의 가능성이다. 여러분은 하나님의 가능성이 심어놓은 씨앗들이다. 그래서 우리는 더디지만 한 걸음씩 시작해야 한다. 단번에 엄청난 것이 일어나지는 않겠지만 한 걸음씩 나가야 한다.

우리의 삶을 바꾸는 기술이 바로 '버티기'다. 끝까지 버텨야 한다. 인내하는 것이다. 그럴 때 우리 삶이 바뀐다. 그대를 향한 희망 프로젝트, 오늘 예수님께서 말씀하신다.

그런즉 너희는 먼저 그의 나라와 그의 의를 구하라
그리하면 이 모든 것을 너희에게 더하시리라(마 6:33).

먹고살기 위해 욕망을 따라 살면 안 된다. "먼저 그의 나라와 그의 의를 구하라."라는 말씀은 우리의 마음이, 내적 갈망이 주를 닮아가라는 것이다.

나는 마음이 온유하고 겸손하니 나의 멍에를 메고
내게 배우라 그리하면 너희 마음이 쉼을 얻으리니
(마 11:29).

음식은 입으로 누리고, 아름다운 풍경은 눈으로 보고, 감미
로운 음악은 귀로 듣는다. 그리고 하나님의 은혜는 가슴으로
느낀다. 내 마음이 온유하고 겸손하면, 주님의 마음을 배우면
하나님의 은혜가 얼마나 큰지 날마다 경험하게 된다. 염려하고
근심하는 마음에 진짜 쉼을 얻으려면 예수님의 온유하고 겸손
한 마음을 배우면 된다. 예수님의 마음을 배우는 것, 예수님을
닮아가는 것이 우리의 내적 갈망이 이루어지는 것이다.

너희 안에 이 마음을 품으라 곧 그리스도 예수의 마
음이니(빌 2:5).

예수님을 바라볼 때, 온유하고 겸손하신 주님의 평안이 나
에게 임할 때 온 세상이 비로소 아름답게 보인다. 주님께서 만
든 세상은 비가 와도 먹구름이 끼어도 아름답다. 아무것도 염
려하지 말고 주님께서 주시는 기쁨을 누리고 하나님의 희망 프
로젝트를 실천해서 빛나고 눈부신 삶이 되기를 예수님의 이름
으로 축복한다.

나는
나를 넘어섰다

(삼상 16:6–13)

내 영혼의
디톡스

젊었을 때는 건강의 소중함을 모르다가 나이가 들수록 건강이 중요하다는 것을 알게 된다. 장수하는 직업이 있을까? 건강을 다루는 의사일까? 아니다. 성직자라고 한다. 목사나 신부들이 왜 장수할까? 잘 먹고, 운동 잘하고 관리를 잘해서가 아니다. (나 자신을 봐도 그렇다.) 마음 관리를 잘하기 때문이다. 육체

내 생애 마지막 한 달

는 마음의 지배를 받는다. 그러니 육체만 잘 관리한다고 해서 건강해지는 것은 아니다. 마음을 잘 관리해야 몸도 건강해진다. 건강을 위해 좋은 음식과 운동도 중요하지만, 마음 관리가 더 중요하다. 〈잠언〉 17장 22절은 말한다.

> 마음의 즐거움은 양약이라도 심령의 근심은 뼈를 마
> 르게 하느니라.

마음을 즐겁고 평화롭게 잘 관리하면 그 어떤 약보다도 건강에 좋다. 반대로 마음 관리를 못 하면 심령이 근심하게 되어 뼈가 마른다. 성경에서 뼈는 건강을 의미한다. 사람의 중심은 뼈다. 마음 관리를 잘못해서 심령이 근심하고 두렵고 염려하면 뼈가 마른다. 그래서 몸도 건강해야 하지만 마음도 건강해야 한다고 성경은 말한다.

하나님은 부모처럼, 사랑하는 가족이 나를 바라보는 것처럼 우리 몸이 건강하길 원하시고, 우리 마음이 건강하길 원하신다. 우리 영·혼·육이 건강하길 원하신다. 이것이 전인 건강이다.

> 사랑하는 자여 네 영혼이 잘됨 같이 네가 범사에 잘
> 되고 강건하기를 내가 간구하노라(요한3서 1:2).

사랑하는 자, 즉 사랑하는 자녀들에 대한 아버지의 심정은 몸도 마음도 영혼도 건강한 인생이 되는 것이다. 사람들은 건강해지기 위해 디톡스(Detox)를 한다. 요즘 시중에 디톡스 주스, 디톡스 보조 식품도 많이 나와 있다. 'De'는 '제거하다', 'Tox'는 '독소'를 뜻한다. 디톡스는 우리 몸속에 축적되어 있는 독소를 제거하는 것이다. 우리 몸을 디톡스하면 몸이 건강해진다. 마음의 근심거리를 디톡스하면 마음이 건강해진다. 우리 영혼의 독을 디톡스하면 영혼이 건강해진다. 하나님은 우리 삶 전체가 강건해지기를 원하신다. 우리 인생을 디톡스하는 것이 하나님의 바람이다.

◆

나는 나를
넘어섰다

2004년 자동차 회사 15초 영상 광고에 이런 카피가 나왔다. "나는 130kg의 레슬러였다. 패션모델이 되고 싶었다. 모두가 미쳤다고 했지만 나는 믿었다. 나는 나를 넘어섰다."

광고 영상 속 모델은 130kg의 헤비급 레슬러였던 김민철 씨다. 그런 그가 어떻게 패션모델이 될 수 있었을까?

금메달 기대주로 승승장구하던 시절 예기치 않게 찾아온 부상이 그의 인생을 바꿔놨다. 그는 절망하지 않고 오히려 새로운 도전을 했다. 우연히 텔레비전에서 봤던 패션쇼에서 새로운 꿈을 찾았다. 레슬링 선수가, 그것도 슈퍼헤비급 선수가 패션모델이라니. 모두가 미쳤다고 했다. 그러나 그는 130kg의 몸에서 60kg를 뺐다. 60kg은 보통 성인 한 사람 몸무게이다. 그리고는 무작정 프랑스 파리로 갔다. 생존을 위협하는 가난과 뿌리 깊은 인종차별, 언어장벽과 싸워야 했지만 그 무엇보다 힘든 것은 자신과의 싸움이었다. 그곳에서 2년 동안 앞날에 대한 불안감, 절망, 왜 이런 고생을 하는지에 대한 순간순간의 회의와 싸웠다. 그러나 그는 마침내 세계 최대의 패션쇼, '오뜨꾸뛰르' 무대에 세계 최초 남자 모델로 섰다.

김민철 씨 이야기에서 중요한 것은 주변 모든 사람이 불가능하다고, 미쳤다고 할 때 그는 주변 얘기에 매몰되지 않았다는 것이다. 그는 자기의 생각을 넘어섰다.

"나는 나를 넘어섰다." 이 문구를 읽을 때 가슴이 설레고 뜨거웠다. 사람들의 마음속에 누구나 예외 없이 운명처럼 드리워지는 그림자가 있다. "나는 안 돼. 나는 할 수 없어. 나는 학벌도 배경도 별 볼 일이 없어서 안 돼." 우리는 이것을 디톡스해야 한다. 이것을 걷어내면 우리는 모든 것을 할 수 있다. 안 된다는 열등의식을 디톡스해야 한다. 우리 모두가 자신을 넘어설 줄 아는, 자신을 넘어서는 열정적인 삶을 살았으면 좋겠다.

오늘 말씀에는 평범하기 그지없는 베들레헴의 이름 없는 양치기 소년 다윗이 나온다. 양치기로 끝날 수밖에 없는 인생인데 자신을 넘어서는 다윗의 이야기는 감동적이다. 그런데 우리는 자신을 넘어서는 힘을 다윗만의 이야기로 한정해 놓고 우리에게는 적용하지 않는다. 하나님은 우리에게 도전하라고 하신다. 왜 다윗의 이야기를 성경에 썼을까? 사랑하는 우리 때문이다.

어느 날 아버지 이새는 사무엘이 자기 집에 온다는 소식을 들었다. 사무엘이 아들 중 한 사람을 왕으로 세우겠다는 계획에 이새는 자기 아들 중에 왕이 나올 수 있다는 생각에 기뻤을 것이다. 아들들에게 옷을 갈아입히고 단장을 해서 사무엘 앞에 세웠을 것이다. 신나는 사건이었다. 그러나 이새는 이 자리에 다윗을 부르지 않았다. 막내아들 다윗은 양을 지키게 했다.

사무엘은 첫째 아들부터 면접을 보았다. 첫째 아들 엘리압이 앞에 나갔을 때 사무엘은 너무 감동해서 "이 아들이 왕이구나." 하며 기름 부으려고 했다. 그때 하나님께서 말씀하셨다. "그는 아니다. 너는 외모로 사람을 보는데 나는 외모를 보지 않는다."

둘째 아들 아비나답이 나왔을 때도 하나님은 아니라고 하셨다. 셋째 삼마도 아니라고 하셨다. 넷째부터는 이름도 없다. 다

내 생애 마지막 한 달

섯째, 여섯째, 일곱째까지 지나갔는데 하나님께서 사인을 주지 않으셨다.

> 또 사무엘이 이새에게 이르되 네 아들들이 다 여기
> 있느냐 이새가 이르되 아직 막내가 남았는데 그는
> 양을 지키나이다 사무엘이 이새에게 이르되 사람을
> 보내어 그를 데려오라 그가 여기 오기까지는 우리가
> 식사 자리에 앉지 아니하겠노라(삼상 16:11).

사무엘이 이새에게 물었다.
"아들이 다입니까?"
"아닙니다. 막내아들이 있습니다."
"어디 있습니까?"
"양을 지키고 있습니다."
"그 아들을 데리고 오십시오."

> 이에 사람을 보내어 그를 데려오매 그의 빛이 붉고
> 눈이 빼어나고 얼굴이 아름답더라 여호와께서 이르
> 시되 이가 그니 일어나 기름을 부으라 하시는지라
> (삼상 16:12).

"그의 빛이 붉고 눈이 빼어나고 얼굴이 아름답더라."는 왕이 될 만한 풍채를 가지고 있다는 말이 아니라, 그저 느낌이 좋다는 정도이다. 누가 봐도 다윗은 왕이 될 만한 인물은 아니었다.

그런데 하나님께서 "이가 그니 일어나 기름을 부으라."고 하신다. 사무엘은 다윗에게 기름을 부었다. 사람의 생각과 다르게 하나님께서는 다윗을 선택하셨다. 선택은 하나님의 전적인 주권이다.

〈에베소서〉 2장 8절에서 "우리가 구원받은 것은 하나님의 은혜"라고 말한다. 우리가 뭘 잘해서 구원받은 것이 아니다. 구원은 하나님의 전적인 은혜다. 하나님의 선물로 구원을 받았는데 그다음부터는 우리가 넘어야 할 것들이 있다는 것이다.

다윗은 하나님께 선택받고 기름 부음 받아 바로 왕이 된 것이 아니다. 그때부터 왕이 되기 위해 넘어야 할 산들이 있었다. 다윗이 넘어야 할 한계가 있었다. 본문에서 아버지 이새의 생각을 엿볼 수 있다. 사무엘이 와서 아들 중 한 사람에게 기름 부으려고 할 때 이새는 막내 다윗은 왕이 될 인물이 아니라고 생각했다. 왕이 된다면 일곱 아들 중 한 명이지 결코 다윗은 아니라고 생각하고 양을 지키러 보낸 것이다. 본문에서 사무엘의 생각도 엿볼 수 있다.

그들이 오매 사무엘이 엘리압을 보고 마음에 이르기

를 여호와의 기름 부으실 자가 과연 주님 앞에 있도
다 하였더니(삼상 16:6).

사무엘은 엘리압을 보는 순간 감동하였다. 키도 크고 외모
가 이스라엘 왕이 될 만했다. 그러나 하나님은 아니라고 하셨
다. 이 말씀을 보면 사무엘의 머릿속에는 왕에 대한 틀이 있는
듯하다. 이전에 사울을 세울 때도 그런 모습이 있었다.

기스에게 아들이 있으니 그의 이름은 사울이요 준수
한 소년이라 이스라엘 자손 중에 그보다 더 준수한
자가 없고 키는 모든 백성보다 어깨 위만큼 더 컸더
라(삼상 9:2).

사무엘은 기골이 장대하고 왕이 될 만한 외모를 가진 사울
에게 기름을 부었다. 그러니 이번에도 이스라엘의 왕이 될 만
한 사람은 엘리압 정도는 되어야 한다고 생각했을 것이다. 또
한 다윗 같은 외모는 왕이 될 수 없다고 생각했던 것 같다. 다
윗도 '왕이 된다면 적어도 형들 중의 한 사람이겠지. 설마 내가
왕이 되겠어.'라고 생각했을 것이다. 훗날 다윗이 자기의 심정
을 〈시편〉 27장 10절에 표현하였다.

내 부모는 나를 버렸으나 여호와는 나를 영접하시리
이다.

시적인 표현이지만 '내 부모도 나를 버렸다.'는 말에서 다윗
의 심정을 엿볼 수 있다. 다른 아들들은 사무엘에게 선보이고,
양 치는 다윗은 부르지 않은 아버지도 자기를 인정하지 않았지
만, 하나님은 인정했다고 고백한다.

'나는 형들보다 열등해. 나는 왕이 될 수 없어.' 다윗의 마음
속에 이런 열등의식이 있었다. 우리 마음에도 이런 열등의식이
그림자처럼 우리를 덮고 있다.

"나는 나를 넘어선다." 이 카피가 나를 설레게 했다. 어떻게
우리의 한계를 넘어설 수 있을까? 본문에 나오는 세 가지를 말
씀드리겠다. 나를 넘어서는 첫 번째 비결은 〈사무엘상〉 16장
11절이다.

또 사무엘이 이새에게 이르되 네 아들들이 다 여기
있느냐 이새가 이르되 아직 막내가 남았는데 그는
양을 지키나이다 사무엘이 이새에게 이르되 사람을
보내어 그를 데려오라 그가 여기 오기까지는 우리가
식사 자리에 앉지 아니하겠노라.

내 생애 마지막 한 달

기술과
능력

사무엘이 라마에서 베들레헴까지 왔다. 지도를 보면 라마는 예루살렘보다 더 멀리 있다. 그곳에서 아침 일찍 출발해도 저녁이 되어서야 베들레헴에 도착했을 것이다. 그 먼 거리를 와서 이새의 아들들 면접을 보았다. 그러다 보면 해가 넘어가 밤이 되었을 것이다. 해가 지고 어둠이 깔리는 들판에는 맹수들이 출몰한다. 다윗은 들판에서 그때까지 양을 지키고 있었다. 사무엘이 "그를 데려오라."고 한다.

> 이에 사람을 보내어 그를 데려오매 그의 빛이 붉고
> 눈이 빼어나고 얼굴이 아름답더라 여호와께서 이르
> 시되 이가 그니 일어나 기름을 부으라 하시는지라
> (삼상 16:12).

다윗은 아버지가 부를 때까지 자기의 일에 최선을 다하고 있었다. 내가 나를 넘어서려면 다른 사람과 경쟁할 필요도, 다른 사람을 핑계할 이유도 없다. 내가 맡은 일에 성실하고, 나를 넘어설 수 있다는 희망이 있으면 된다.

공부 잘하는 학생들은 성실하다는 공통점이 있다. 성실하게 공부한 사람은 다른 일을 할 때도 성실하다. 부자도 자수성가한 부자는 성실하다. 성공한 사람들은 자기 일에 성실하다. 다윗도 맡은 일에 성실했다.

> 또 그의 종 다윗을 택하시되 양의 우리에서 취하시며(시 78:70).

하나님은 다윗을 양의 우리에서 취하셨다. 다윗은 양우리에서 맡은 일에 최선을 다했고 성실했다. 나를 넘어서는 것은 맡은 일에 성실한 것이다. 나를 넘어서는 두 번째 비결은 〈사무엘상〉 17장 34-35절이다.

> 다윗이 사울에게 말하되 주의 종이 아버지의 양을 지킬 때에 사자나 곰이 와서 양 떼에서 새끼를 물어가면 내가 따라가서 그것을 치고 그 입에서 새끼를 건져내었고 그것이 일어나 나를 해하고자 하면 내가 그 수염을 잡고 그것을 쳐죽였나이다.

다윗은 자기 일을 열심히 할 뿐만 아니라 성과를 냈다. 성실하게 일만 하고 성과를 내지 못하는 직원과 끝까지 함께하는 사장은 없을 것이다. 아무리 열심히 해도 성과가 없으면 의미가 없다. 성실하고 성과를 내는 사람이 프로가 되고, 전문가가 되는 것이다. 다윗은 양 치는 일에 성실했다.

네가 자기의 일에 능숙한 사람을 보았느냐 이러한 사람은 왕 앞에 설 것이요 천한 자 앞에 서지 아니하리라(잠 22:29).

여기에서 '능숙하다'는 기술과 능력이다. 우리는 맡은 일에 전문가가 되어야 한다. "그런 사람은 왕 앞에 서고 절대 천한 자 앞에 서지 않는다."는 미래가 밝다는 것이다. 자기 일에 프로가 되고 싶은 사람은, 맡은 양떼를 지키는 일에 성실할 뿐만 아니라 전문가의 기술과 능력으로 목숨 걸고 해야 한다. 자기를 넘어서는 사람이 되어야 한다. 다윗이 자기를 넘어서는 결정적인 것이 있다.

사무엘이 기름 뿔병을 가져다가 그의 형제 중에서 그에게 부었더니 이 날 이후로 다윗이 여호와의 영에게 크게 감동되니라 사무엘이 떠나서 라마로 가니라(삼상 16:13).

사무엘은 다윗에게 기름 부었다. 이날 이후 다윗의 삶은 달라졌다. 평범한 삶에서 여호와의 영에 크게 감동된 삶을 살아가게 된 것이다. 기름 부음 받는 그날, 하나님의 은혜를 입은 그날은 삶이 완전히 바뀌는 터닝 포인트(turning point)가 되었다.

세 번째 비결은 하나님의 절대적인 은혜다. 하나님의 은혜를 받아야 자기 자신을 뛰어넘을 수 있다. 내가 아무리 애쓰고 노력해도 하나님의 은혜가 없으면 아무것도 아니라는 것이다. 다윗은 기술도 있었고 성실했지만, 하나님의 기름 부음이 있는 그날 이후 여호와의 영이 임해서 이전과는 다른 삶을 살게 되었다. 우리의 삶에서 하나님의 은혜는 매우 중요하다. 〈고린도후서〉 5장 17절은 이렇게 기록한다.

> 그런즉 누구든지 그리스도 안에 있으면 새로운 피조물이라 이전 것은 지나갔으니 보라 새 것이 되었도다.

예수 안에서 이전과 이후로 나누어진다. 예수 안에서의 삶은 은혜 속에서 사는 삶이다. 은혜 속에 있는 사람은 자기를 뛰어넘을 수 있는 능력을 하나님께서 주신다는 사실을 믿어야 한다. 하나님은 우리를 은혜가 있는 곳으로 불러들이신다.

류태영 박사는 우리나라가 산업화 시대로 발전하는 데 밑

거름이 된 분이다. 이분은 한국인으로서는 처음으로 이스라엘 벤구리온 대학교 교수가 되었다. 그리고 건국대학교에서 부총장까지 지냈다. 전라북도 임실 산골에서 머슴의 아들로 태어난 류태영 박사는 어렸을 때부터 동네 어귀에 있는 교회에 다녔다. 교회 전도사는 어린아이들에게 나라를 위해 기도하라고 했다. 자기 동네를 한 번도 떠나지 않았고, 기차를 타보기는커녕 본 적도 없지만 나라를 위해 기도했다. 기도하면서 자라다 보니 정말 나라를 위한 꿈이 생겼다. '너무 가난한 우리나라를 세계적인 나라로 만들고 싶다. 우리 민족을 잘사는 민족으로 만들고 싶다.'는 꿈이 생긴 것이다. 그러다 '세계에서 생활수준이 가장 높은 덴마크에서 영농 기술을 배워 오면 우리나라도 잘살게 되겠지.'라는 생각이 들었다. 하나님께서 꿈은 주셨는데 그 나라에 갈 비행기 표도 능력도 없었다. 기도하는 어느 날 하나님께서 "덴마크에서 제일 높은 사람에게 편지를 쓰라."는 말씀을 주셨다.

그래서 덴마크 국왕에게 안 되는 영어로 "덴마크에 가서 영농 기술을 배워 우리나라를 잘살게 하고 싶습니다."라는 편지를 썼다. 그랬더니 국왕 쪽에서 연락이 왔다. "당신을 초청하겠습니다. 비행기 표도 보내주고 장학금과 생활비도 주겠습니다. 이곳에서 공부하십시오."

하나님의 은혜로 비행기를 타고 덴마크 코펜하겐 공항에 내

렸는데 앞이 캄캄했다. 영어는 조금 알아듣겠는데 덴마크 말은 새가 지저귀는 소리 같았다. '알아듣지도 못하는데 이 나라에서 어떻게 공부하지?' 고민하며 하나님께 기도했다. 그러자 하나님께서 지혜를 주셨다.

"너 태어나서 어떻게 말을 배웠니? 아기들이 어떻게 말을 배우니?"

"엄마 말을 흉내내어 배웁니다."

"그럼 됐다. 하루에 한마디씩 이 나라 말을 흉내내라. 하루에 몇 마디를 흉내낼 수 있겠니?

"글쎄요. 하루에 열 마디 내지 스무 마디 정도는 할 수 있지 않을까요?"

"너 석 달이면 이 나라 말 다 할 수 있다. 하루에 열 마디씩 흉내내라."

하나님 말씀을 받고 너무 기뻤다. 매일 열 마디씩 흉내내어 석 달 만에 그 나라 말을 통역할 정도로 알아듣게 되었다. 나중에 이스라엘 히브리 대학원에 공부하러 갈 때도 히브리어를 한마디도 못 했지만, 매일 열 마디씩 흉내내어 대학원에 수석 합격했다.

이분의 이야기를 다 할 수는 없지만, 한국에 돌아와서 새마을 운동을 주도했고 우리나라가 경제적으로 발전할 수 있도록 주도적인 역할을 했다. 베들레헴 양치기가 양치기로 끝날 수 있었지만 하나님의 은혜로 자신을 넘어섰고, 시골 임실에서 머슴의 아들로 끝날 수 있었지만 하나님의 은혜로 자기를 넘어선 것이다. 머슴의 아들이라는 열등의식을 버린 것이다. "나는 안 돼요. 나는 할 수 없어요."라고 할 때 주님이 말씀하신다.

예수께서 이르시되 할 수 있거든이 무슨 말이냐 믿는 자에게는 능히 하지 못할 일이 없느니라 하시니 (막 9:23).

이것이 주님의 마음이다. 믿는 자는 할 수 없다고, 못 한다고 하면 안 된다. 하나님께서 자신을 넘어서는 능력을 주신다는 것을 믿어야 한다. 열등의식, 패배의식을 넘어서야 한다. 나를 넘어서는 능력이 어디서 오는가? 바로 예수 그리스도에게서 온다.

내게 능력 주시는 자 안에서 내가 모든 것을 할 수 있고, 믿는 자는 능히 못할 일이 없다. 하나님의 능력이 우리에게 주어졌다. 삶의 운명처럼 나를 감싸고 있는 열등의식, 패배의식을 디톡스하고 넘어서기 바란다. 빛나는 하나님의 영광을 누리며 살아가는 여러분이 되기를 예수님의 이름으로 축복한다.

자기 성장으로
인생 2막을 열어라

(벧후 3:14-18)

은혜와 지식에서
자라가다

어린아이도 한숨을 쉬고, 청년도 한숨을 쉰다. 우리는 자기도 모르게 한숨을 쉴 때가 종종 있다. 뉴스나 매스컴을 보고 있으면 저절로 한숨이 나온다. 이 시대를 살아가는 우리의 모습이다. 우리 마음에 절망이 들어오게끔 자꾸 절망을 부추기는 것 같다. 절망의 사전적 의미는 '희망을 끊어버리는 상태'다. 희망이 끊긴 것이 아니라 스스로 포기하고 끊어버리는 것이 절망이다. 사람이 절망하면 일어설 수가 없다. 누가 절망을 주는가? 이 세상은 우리에게 절망을 부추긴다. 그러나 하나님은 우리에게 꿈과 희망을 주신다.

> 의인은 종려나무 같이 번성하며 레바논의 백향목 같이 성장하리로다(시 92:12).

하나님의 자녀인 의인은 종려나무 같이 번성하고 성장한다. 여호와의 집에 심겼기 때문이다. 얼마나 멋있는가? 우리가 하나님의 집에 심겨 있고 하나님의 뜰 안에서 자라기 때문에 번성하고 성장할 수밖에 없다. 우리 가슴을 뜨겁게 하는 말씀이 다음 절에 나온다.

> 그는 늙어도 여전히 결실하며 진액이 풍족하고 빛이 청청하니(시 92:14).

그는 늙어 기력이 쇠할지 모르지만 여전히 결실하고 진액이 풍족하고 빛이 청청하다. 하나님 자녀들의 모습이다. 끝없이 우리는 번성하고 성장할 수 있는 생명을 가진 하나님의 자녀이다. 〈베드로후서〉 3장 18절에서 그렇게 말씀한다.

오직 우리 주 곧 구주 예수 그리스도의 은혜와 그를
아는 지식에서 자라 가라 영광이 이제와 영원한 날
까지 그에게 있을지어다.

우리는 끝없이 번성하고 성장할 수 있고, 그분을 아는 은혜
와 지식에서 자라가야 한다. 예수 믿는 우리는 마지막 때까지
자라갈 수 있다는 것을 전제로 말하고 있다.

〈베드로전후서〉가 기록될 때는 어려운 시절이었다. 요즘 우
리는 코로나 때문에 어렵다고 하는데 이것에 견줄 수 없는 고
통의 시절이었다. 코로나는 방역을 잘하고 거리두기를 하고 마
스크를 쓰면 막을 수 있다. 우리가 조심하면 괜찮다. 그런데 그
당시 예수 믿는 사람들은 신앙 때문에 고향에서 살 수도, 집에
머무를 수도 없었다. 직업을 가질 수도, 정상적인 삶을 살 수도
없었다. 예수 믿는 사람들을 박해하고 죽였기 때문이다.

〈베드로전서〉에서 이 책을 쓴 베드로는 "여러 가지 시험
(1:6)"에 처해 있으며 "불로 연단(1:7)" 받고, "악행한다고 비방
(2:12)"받으며, "선을 행함으로 고난 받는(3:17)" 그리스도인들의
상황에 대해 기술하고 있다. 이 구절을 근거로 그리스도인들이
얼마나 부당한 고통 가운데 놓여있는지 알 수 있다. 베드로는
황제 네로의 기독교 박해로 고통 받는 교인들에 대한 충고로
〈베드로전서〉를 마무리한다.

◆

마라나타
신앙

〈베드로전서〉1장 시작에는 '흩어진 나그네'라는 표현이 나온다. 예수님 때문에 고향을 등지고 사랑하는 사람들과 뿔뿔이 흩어져서 나그네처럼 산다는 것이다. 그런데 그들은 흩어져서 낯선 곳에서도 살 수가 없었다. 그래서 지하 동굴 카타콤에서 주님을 경배하면서 살았다. 그들에게 보낸 편지가 〈베드로전후서〉이다. 〈베드로전후서〉를 요약하면 두 개의 메시지로 정리할 수 있다.

첫 번째 메시지는 '마라나타' 곧 오시는 예수님이다. 지금은 힘들지만 예수님이 곧 오시니까 조금만 더 인내하라는 마라나타 신앙이다. 두 번째 메시지는 14절에 나온다.

> 그러므로 사랑하는 자들아 너희가 이것을 바라보나
> 니 주 앞에서 점도 없고 흠도 없이 평강 가운데서 나
> 타나기를 힘쓰라(벧후 3:14).

예수님이 오실 때까지 점도 없고 흠도 없고 평강 가운데 계시는 그분 앞에 설 때까지 신앙을 지키기 위해 힘쓰라는 말씀이다.

이 땅에 살 동안 우리가 지켜야 할 것들이 많다. 건강, 가족, 명예, 직장, 재물을 지켜야 한다. 그러나 마지막 날에 이것들은 무슨 소용이 있을까? 마지막 날까지 지켜야 할 것은 예수 믿는 믿음이다. 이 믿음 하나로 우리는 주님을 만나게 될 것이다. 여러분이 애지중지하는 모든 것은 때가 되면 떠날 것이다. 그러나 우리는 예수 믿는 믿음을 마라나타 신앙으로 지켜야 한다. 그 믿음으로 육체의 옷을 벗고 예수님 앞에 나아가고 영원한 천국에 가기 때문이다.

어떤 어려움과 환난이 다가올지라도 예수 그리스도에 대한 믿음을 잘 지키기를 축복한다. 이것을 잃으면 모두 잃는 것이다. 이 땅은 영원하지 않다. 다 지나가고 모든 것이 끝난다. 우리의 신앙을 지키는 비결은 무엇일까?

> 오직 우리 주 곧 구주 예수 그리스도의 은혜와 그를
> 아는 지식에서 자라 가라 영광이 이제와 영원한 날
> 까지 그에게 있을지어다(벧후 3:18).

은혜와 그를 아는 지식에서 자라가고 성장해야 한다. 우리의 믿음을 지키기 위한 가장 좋은 방법은 끝없이 성장하는 것이다. 믿음이 멈추면 멈춘 게 아니라 내려가는 것이다. 신앙이 자라다가 멈춘 사람이 있다. 그것은 멈춘 것이 아니라 내려가

내 생애 마지막 한 달

는 것이다.

예수님을 만나기까지 끝없이 자라가야 한다. 육신의 옷을 벗는 그날까지 자라야 한다. 자란다는 것은 믿음이 자라는 것으로 그 자체가 희망이다. 평범한 내 인생이 지금보다 더 자랄 수 있다는 것은 희망이다. 그래서 살아 있는 우리에게 희망이 있는 것이다. 죽은 자는 자랄 수 없다. 살아 있는 자는 백향목같이 늙어도 결실하고 잎이 청청하다. 살아 있는 자는 예수님을 만나는 그 순간까지 믿음이 자란다.

주를 향한 믿음이 날마다 때마다 자라기를 축복한다. 환난 중에 있는 백성들에게 마지막으로 하는 메시지는 믿음의 성장이다. 하나님은 우리가 성장하기를 원하신다. 인생이라는 새파의 물이 깊은 것이 문제가 아니다. 헤엄칠 줄 모르는 내가 문제다. 헤엄칠 수 있는 능력이 있다면 깊은 물이 무슨 문제가 되겠는가?

◆

인생의
용량

때때로 우리는 살면서 어려운 문제를 만난다. 사람들은 문제의 큰 바위를 피해가고 싶은 마음에 사람을 찾아다닌다. 그런데 하나님은 우리 앞에 있는 어려움이라는 바위를 넘어갈 수 있는 힘을 기르든지, 그 바위를 깨고 앞으로 나갈 수 있는 능력의 사람으로 자라기를 원하신다. 유약한 사람처럼 눈치 보거나 피하지 말고, 하나님 앞에서 강한 믿음의 소유자가 되어야 한다. 어떤 시련이 와도 뛰어넘을 수 있고, 시련 속으로 뛰어들어 헤쳐 나올 수 있는 강한 사람이 되어야 한다.

사람에게는 저마다의 인생의 용량이 있다. 여러분의 용량은 어느 정도인가? 조금만 어려우면 쓰러지지 않는가? 하나님은 우리가 웬만한 어려움은 이겨내고 넘어갈 수 있는 강하고 넉넉한 사람으로 살아가기를 원하신다. 예수 안에서, 그분의 은혜 속에서, 그분을 아는 지식에서 살아갈 때 우리는 계속 성장할 수 있다. 인생의 용량이 커지는 것이다. 그러면 멋진 인생을 살 수 있다. 사람이 성장하면 웬만한 어려움은 다 이길 수 있다.

〈갈라디아서〉 2장에 '게바'라는 인물이 나온다. 게바는 베드로의 다른 이름이다. 게바가 안디옥에 갔을 때 사도 바울이 그를 책망했다.

> 게바가 안디옥에 이르렀을 때에 책망 받을 일이 있기로 내가 그를 대면하여 책망하였노라(갈 2:11).

12절에 보면 바울이 많은 사람들 앞에서 대놓고 게바를 책망한다. "네가 유대인으로 이방인에게 복음을 전하려면 이방인처럼 살아야지. 너 그렇게 살지 마." 베드로는 예수님의 열두 제자 중 한 사람이다. 그중에서도 수제자다. 그러나 바울은 예수님의 열두 제자가 아니었다. 베드로의 입장에서 보면 어처구니가 없었을 것이다. 과거 베드로는 한 성질 하는 사람이었다. 갈릴리 어부였던 그는 힘도 있고 칼을 차고 다녔다. 감람산에 계시는 예수님을 붙잡으려고 성전 수비대와 함께 온 대제사장의 종 말고의 귀를 자른 이가 베드로였다. 그는 어둠 속에서도 말고의 귀를 정확하게 자를 정도로 칼을 쓸 줄 아는 사람이었다.

그런 베드로에게 바울이 "너 그렇게 살지 마." 했으니 베드로의 심정이 어땠을까? 예전 같으면 칼을 뽑았을 것이다. 그러나 이제 베드로는 과거의 그가 아니다.

또 우리 주의 오래 참으심이 구원이 될 줄로 여기라 우리가 사랑하는 형제 바울도 그 받은 지혜대로 너희에게 이같이 썼고(벧후 3:15).

베드로는 사람들 앞에서 면박 주었던 바울을 '우리가 사랑하는 형제 바울'이라고 표현한다. 예전과는 전혀 다른 베드로의 모습이다. 자기를 면박 준 사람을 품어 주는 사람이 된 것이다. 베드로의 인품과 성품이 아름답게 변화되었다. 베드로는 예수 안에서 성장해서 큰 사람이 되었다. 큰 사람은 키가 크거나 덩치가 좋은 사람이 아니라, 마음이 넓은 사람이다. 여러분의 마음 그릇이 커지기를 축복한다.

살다 보면 마음이 작아서 불편할 때가 있다. 힘든 것은 늘 그런 것들이다. 내가 크지를 못했기 때문이다. 모든 싸움은 내가 옳다는 데서 시작되는 것 같다. 우리 마음이 예수의 온유하고 겸손한 마음을 담지 못해서 내가 옳다고 주장하는 것이다. 그래서 상대를 품어주지 못하는 옹졸한 사람이 되는 것이다. 〈잠언〉 16장 32절에 이런 말이 나온다.

> 노하기를 더디하는 자는 용사보다 낫고 자기의 마음을 다스리는 자는 성을 빼앗는 자보다 나으니라
>
> (잠 16:32).

정말 금쪽같은 말씀이다. 사람이 '욱'하는 성질에 화를 낼 수는 있지만, 노하는 것을 더디 하는 사람, 마음으로 자제하고 절제할 수 있는 사람이 '용사보다 낫다.'고 말한다. 고대 사회에서 용사는 대단한 사람이었다. 그 용사보다 내 속에 일어나는 노를 가라앉힐 수 있는 사람이 더 뛰어난 용사라는 것이다. 또한 성을 차지한 성주보다 자기 마음을 다스리는 사람이 대단하

다는 것이다. 다시 말해, 마음 그릇이 큰 사람이, 즉 예수 안에서 변하고 마음이 자라고 자라서 온유하고 겸손한 사람이 용사보다 낫고, 성을 빼앗은 자보다 낫다. 하나님은 우리가 이렇게 자라기를 원하신다.

그러면 어디에서 어떤 모습으로 자라야 하는가? 자란 후에는 어떻게 해야 하는가? 구약을 대표하는 다윗을 통해 배울 수 있다. 다윗은 예수님의 족보에 나오는 사람이다. 다윗은 아버지의 양을 치던 양치기다. 하나님은 양 치던 다윗을 양우리에서 불러내셨다. 이름 없는 그를 양우리에서 왜 불러내셨을까? 〈사무엘상〉 17장 34-35절에서 유추해 볼 수 있다.

> 다윗이 사울에게 말하되 주의 종이 아버지의 양을 지킬 때에 사자나 곰이 와서 양 떼에서 새끼를 물어가면 내가 따라가서 그것을 치고 그 입에서 새끼를 건져내었고 그것이 일어나 나를 해하고자 하면 내가 그 수염을 잡고 그것을 쳐죽였나이다.

다윗이 골리앗과 싸우러 나갈 때 사울에게 한 말이다. 다윗은 위험을 무릅쓰고 양 한 마리도 잃어버리는 것을 용납하지 않고 쫓아가서 짐승의 입에서 새끼를 빼내었다. 다윗은 아버지의 양을 지키면서 자신의 기량을 길렀다. 양 치는 일을 잘하기 위해서 '짐승의 입을 찢고 돌을 던지는' 실력을 키운 것이다. 하나님은 이 모든 것을 지켜보고 계셨다.

우리는 일터에서 사업장에서 학교에서 아버지의 양을 지키는 다윗처럼 맡은 일에 충성을 다해야 한다. 사장이 어떤 사람이든, 상사가 어떤 사람이든 상관없이 우리가 맡은 일에 성실해야 한다. 거기서 우리 기량이 올라가고 실력이 향상된다. 하나님은 지금 우리가 있는 곳에서 최선을 다하기를 원하신다. 아무리 시대가 어려워도 아버지의 양떼를 지킨 다윗처럼 열심히 일하면 반드시 두각을 드러낸다. 다른 사람들이 직장에서 잘려나가도 그 사람은 자리를 지킬 것이다. 우리에게는 다윗의 이런 마음 자세가 필요하다. 이것이 진정한 그리스도인의 모습이다.

교회에 와서 일하는 것만이 주님의 일이 아니다. 직장에서 열심히 일하는 것도 주님의 일이다. 직장은 주님의 보냄을 받은 곳이다. 그곳이 일터이며 선교지고, 주님의 영광을 드러내는 자리이다. 그 자리에서 우리는 최선을 다해야 한다.

◆

인생 1막 VS
인생 2막

우리가 성장해야 할 자리와 무엇 때문에 성장해야 할 것인지에 대해 말씀을 통해 알아보자. 인생 2막이 우리 앞에 열릴 것이다. 인생 2막은 누구에게나 예약되어 있다. 하나님은 사랑하는 자녀들에게 인생 2막을 준비해 놓으셨다. 그런데 인생 2막을 열지 않는 사람이 너무나 많다. 1막에서 인생이 끝났다고 생각하는 것이다. 인생 2막은 사건 중심이 아니라 삶의 내용 중심이다. 사람들은 은퇴 이후의 삶을 걱정한다. '은퇴 후에는 인생 2막을 살아야지.' 이것은 생의 주기 관점이다. 성경은 은퇴에 대해 이야기하지 않는다. 다만 세상 떠나는 그날까지 주어진 사명을 완수하고 하나님 앞에 가라고 한다. 우리에게 은퇴란 직장에서 정년퇴직하는 날이 아니라, 이 세상을 떠나는 날이다. 그때까지 우리는 우리에게 주어진 일들을 하면서 계속 자라가야 한다.

김원태 목사가 쓴 진정한 성공을 이룬 상위 1% 사람들의 핵심가치를 다룬 《가치혁명》이라는 책이 있다. 이 책에는 뉴욕의 부자 이야기가 나온다. 부자들이 모여 사는 동네에 굉장한 부자가 있었다. 그 부자의 취미는 비싼 골동품 수집이었다. 그의 집에는 도자기나 그림처럼 굉장히 비싼 골동품들이 많았다. 어느 날 부자는 6개월 동안 유럽으로 휴가를 가게 되었다. 휴가 간 동안에 아무리 보완 장치를 철저히 해도 도둑이 들 것 같아 불안해 잠이 오지 않았다. 몇 날 며칠을 고민하다가 뉴욕 뒷골목 화방에서 싼 그림들을 샀다. 그리고 그 그림들을 가져다가 10만 불, 20만 불, 30만 불 등 높은 가격표를 붙여서 골동품 사이사이에 걸어 놓고 유럽 여행을 갔다. 휴가를 마치고 돌아왔을 때 그의 예상대로 도둑이 들었다. 도둑이 가져간 물건은 무엇이었을까? 높은 가격표를 붙여 놓은 그림이었다.

오늘날 수많은 사람이 골동품의 가치를 모르는 도둑처럼 사는 것 같다. 정말 중요한 일에는 관심이 없고 중요하지 않은 일에 몰두하며 인생을 보내고 있다. 진품을 몰라보고 가짜 그림을 가져간 도둑처럼 살고 있다. 중요한 일보다 하찮은 일에 시간을 보내는 사람들은 인생 1막을 마무리짓고 2막을 열지 못하는 것이다.

베드로는 갈릴리 호수에서 고기 잡던 어부였다. 밤새 고기를 못 잡던 어느 날, 예수님께서 베드로에게 말씀하셨다. "베드로야, 깊은 데로 가서 고기를 잡아라!" 예수님 말씀대로 깊은 곳에 그물을 내리자 그물이 찢어질 만큼 고기를 많이 잡았다. 베드로가 잘 먹고 잘사는 것으로 끝났으면 그의 인생은 1막에서 막을 내렸을 것이다. 〈요한복음〉 21장 18절에 그가 젊었을 때와 늙었을 때를 비교하는 내용이 나온다.

내가 진실로 진실로 네게 이르노니 네가 젊어서는
스스로 띠 띠고 원하는 곳으로 다녔거니와 늙어서는

내 생애 마지막 한 달

네 팔을 벌리리니 남이 네게 띠 띠우고 원하지 아니

하는 곳으로 데려가리라(요 21:18).

베드로가 젊었을 때 하고 싶은 대로 산 것은 인생 1막이다.
늙어서까지 그대로 살면 인생 1막이지만, "늙어서는 네가 팔을
벌린다. 원치 않는 곳으로 간다." 이것은 인생 2막이다. 성공하
고, 출세하고, 돈 많이 벌고, 잘 먹고 잘사는 것으로 끝나면 인
생 1막이다. 이제 새로운 2막의 인생을 살아가야 한다. 〈고린도
전서〉 13장 11절에 어렸을 때와 장성했을 때가 나온다. 어렸을
때는 늘 받기만 한다. 아버지 어머니의 공궤를 받고, 지원받고
사랑을 받기만 한다.

내가 어렸을 때에는 말하는 것이 어린 아이와 같고

깨닫는 것이 어린 아이와 같고 생각하는 것이 어린

아이와 같다가 장성한 사람이 되어서는 어린 아이의

일을 버렸노라(고전 13:11).

그러나 장성한 사람이 되면 어린아이의 마음을 버리고 사
랑받기보다 사랑해야 한다. 사랑받을 때보다 누군가를 사랑할
때가 더 행복하다. 그 크기는 비교가 되지 않는다. 그게 바로 2
막이다. 받기만 하는 인생은 1막이다. 2막은 누군가를 사랑하

고 누군가를 위해서 선한 영향을 줄 때 시작된다. 받기만 하면 그 기쁨을 알 수 없다. 그러나 누군가를 사랑하고 누군가를 돕기 시작할 때 오는 기쁨과 즐거움은 1막과는 비교가 되지 않는다. 오늘 하루는 주께서 주신 선물이다. 이날을 주님의 말씀대로 살아야 한다.

> 항상 기뻐하라 쉬지 말고 기도하라 범사에 감사하라
> 이것이 그리스도 예수 안에서 너희를 향하신 하나님
> 의 뜻이니라(살전 5:16-18).

쉬지 말고 기도하고 범사에 감사하는 것이 우리를 향한 하나님의 뜻이다. 쉽게 말하면, 행복하게 사는 것이 하나님의 뜻이다. 그런데 이것은 인생 1막이다. 나만 좋고, 나만의 기쁨을 넘어서야 한다. 나 혼자 행복한 것은 1막이지만, 행복을 넘어서 주변 사람들에게 선한 영향력을 끼치면 인생 2막을 사는 것이다.

하나님은 우리가 부름 받은 각각의 처소인 삶의 현장에서 하나님을 향한 2막의 삶을 살기를 원하신다. 그때의 기쁨, 당당함, 희열은 1막과는 비교가 되지 않는다. 인생 2막은 누구에게나 예약되어 있다. 사랑하는 여러분은 인생 1막으로 살기 원하는가, 아니면 인생 2막으로 살기 원하는가? 〈베드로후서〉 3장

14절은 인생의 결말에 대해 말한다.

> 그러므로 사랑하는 자들아 너희가 이것을 바라보나
> 니 주 앞에서 점도 없고 흠도 없이 평강 가운데서 나
> 타나기를 힘쓰라(벧후 3:14).

"너희가 이것을 바라보나니"는 주님의 재림 때를 말한다. "주 앞에서 점도 없고 흠도 없고 평강 가운데서 나타나기를 힘쓰라."는 것은 큰 그릇으로 제2의 인생을 살아가라는 것이다. 우리의 최종 목표는 이 땅의 행복이 아니라 영원한 나라 천국이다. 이 땅의 일에 너무 마음 쓰지 말고, 너무 두려워하지 말고, 주님 오실 날까지 주를 아는 지식에까지 자라 예수님을 닮아가야 한다.

우리는 통 큰 그릇이 되어야 한다. 나만을 위한 인생이 아니라 누군가를 사랑하고 누군가에게 선한 영향력을 끼치고 그 사람의 눈물을 닦아주는 제2의 인생을 살아야 한다. 제2의 인생을 잘살면 주님 오시는 그날에 흠도 없고 티도 없는 평강 가운데 나타나는 주님의 영광이 우리 앞에 있을 것이다. 우리 모두 예수님 앞에서 승리하며 인생 2막을 살아가기를 축복한다. 멋진 인생이 될 줄로 믿는다.

인생 하프타임을 위한 30일

내 생애 마지막 한 달

지은이 | 방성일
펴낸이 | 박상란
1판 1쇄 | 2020년 12월 1일
펴낸곳 | 피톤치드
교정교열 | 김은옥   디자인 | 김다은
경영·마케팅 | 박병기
출판등록 | 제 387-2013-000029호
등록번호 | 130-92-85998
주소 | 경기도 부천시 길주로 262 이안더클래식 133호
전화 | 070-7362-3488
팩스 | 0303-3449-0319
이메일 | phytonbook@naver.com

ISBN | 979-11-86692-58-5(03230)

「이 도서의 국립중앙도서관 출판예정도서목록(CIP)은 서지정보유통지원시스템 홈페이지(http://seoji.nl.go.kr)와 국가자료
공동목록시스템(http://www.nl.go.kr/kolisnet)에서 이용하실 수 있습니다.(CIP제어번호 : CIP2020048635)」

• 들음과봄은 피톤치드 출판사의 기독교 브랜드입니다. '성경을 통해 하나님의 말씀을 듣고 본다'는 뜻과 '내면의 소리를
  들으며 책을 본다'는 의미를 담았습니다.
• 가격은 뒤표지에 있습니다.
• 잘못된 책은 구입하신 서점에서 바꾸어 드립니다.